だいわ文庫

90歳になっても、楽しく生きる

樋口恵子

JN230976

大和書房

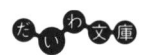

はじめに

いよいよ90代。いざヨタヘロ盛りへ

70代のまだ半ば、こんなことを私はある本のなかで言っています。
「今の70代の生き方にはお手本がないんです。人生50年、60年くらいまでの時代は、まだ60代の生き方のお手本がありました。けれども、70代以上で、個人としての意識を持って、世の中のどこかにかかわって現役として生きている人がこんなに増えたのは、われわれの世代からじゃないかしら」

その本のなかで一緒にわいわい盛り上がって話していた畏《い》友《ゆう》、俵萠子さんは77歳で、吉武輝子さんは80歳で旅立ちました。まさかこんなに早い別れがあるとは

……。人生とは本当にわからないものです。

さて、私の80代、やはりお手本はほとんどありませんでした。

そして、この5月（2022年）に90歳になりました。

初めての90代です。お手本も少ないままスタートです。

60代に入るころから「片方の瞳で泣く」という言葉が好きになりました。

出典はオペラ『薔薇の騎士』（R・シュトラウス作曲）で、元帥夫人が若い恋人の去っていく悲しみに耐えて歌うなかにあります。

人生100年時代に生きる私たちは、年を重ね、老いていく道程で、別れや喪失のたびに心ゆくまで泣いていたら、涙の淵に溺死してしまうでしょう。

若さと美しさはもちろん、歯、目、耳、足腰など身体のあらゆる部分が一日一日と衰え、身長までも縮みます。階段の上り下りに手すりは必需品となり、そして何よりも長年の歳月を共に生きてきた同世代の親族、知友の死が悲しく寂しい。

身近な結婚式や誕生がぐんと減り、葬式だけが日常化していきます。

そのなかで、自分の人生の終盤を悔いなく全うしようと思ったら、涙の流出を抑制することです。それが「片方の瞳で泣く」という表現を好きな理由です。

老い、病気、人生の最期に出合う状況に、私たちはどんな態度を選ぶことができるでしょうか。

誇りを保ち、言うべきことは言い、そのうえで介護する人やボランティアに率直に感謝できるでしょうか。

90歳になり、いよいよ人生の終盤に臨む私は、まるでオリンピックか何か大きな競技大会に臨むような緊張を覚えます。どんな90代になるのでしょうか。

うまくやれるかなあ……。

ぶざまだったらごめんなさい。

よりよいモデルを求め、心を励ましながら、最期まで生き切れたら本望です。

でも、都合のいいバアサンにはなってやらないぞ。行動するバアサン、物言うバアサン、笑顔も怒りも振りまく花咲かバアサンを目指しましょう！

先のことを心配しすぎず、この日、今日一日をていねいに楽しく生きましょう。


ヨタヘロは一日にして成らず。老いを感じ始めた50代。転倒事件で大ケガや乳がん手術、そして30年連れ添った連れあいを看取った60代。ともに闘った友の死に呆然とした70代、自宅の建て替えなど想定外のことがつぎつぎ起こった80代。

おだやかだと想像していた、年をとってからの人生が、まさかこんなにドラマチックで忙しいものとは思いませんでした。

私の老いの道中記、心の紆余曲折をたどったこの本が皆さまのお役に立つことを祈っております。

［目　次］

第2章 忍び寄る老いをはねのけ、おしゃれを忘れず

第3章 家族だけでなく「共立《ともだち》ネット」も作ろう

第4章 おひとりシニアの元気になるコミュニケーション術

第5章 その年齢《とし》になってみないとわからないこと

第6章 人生100年時代、祖母力の役立ち方

第7章 娘がどんどん強《こわ》くなる!

第1章

必要に迫られた私の老化対策

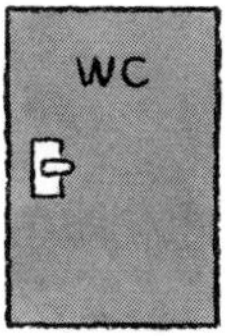

直前の行動から忘れ始める

誰でも年とともに物忘れが頻繁になるのは仕方がないと思うのですが、私の周囲でも自分をふくめて笑うに笑えぬエピソードに事欠きません。

だいぶ前の話になりますが、そのころ飼っていたわが家の甘ったれ猫のチロが、当時50代に入ったばかりの私の友人を老いの恐怖に落ち込ませたことがあります。

友人は九州の実家から届いたというシラス干しを手土産にわが家を訪れ、ついでにうちの近所の友人にも手渡すからと言って「ほんの30分」で帰ったのですが、もう1軒の友人宅でバッグを開けたところ、シラス干しが見当たらない。

自宅を出るときには確かに2袋入れた記憶があるのに……もしや、ボケが始まったのか……とずいぶん悩んだそうです。

そのころ、われらの同級生のひとりが、50歳になるやならずでアルツハイマー病に罹《かか》ってしまい、みんなの胸の中には「明日はわが身か！」の恐怖が走ったものですから、彼女はシラスの1件を誰にも言えず、ひとりでもんもんと悩んでいたらしいのです。

だが、事実はこうでした。くだんのシラスは、かまってもらえない悔しさと好物の魚の匂いに引き寄せられたチロが、私たちがおしゃべりに夢中になっているすきに、バッグから引きずり出し、書斎にもちこんで食べ散らかしたのです。

その残骸をみて、てっきりいただいたばかりのシラスを食べられたかと思ったのですが、冷蔵庫にはちゃんと1袋入っていたので、後日、私のほうから電話をして事の顚末《てんまつ》がわかった次第。もし私が連絡しなければ、友人はずーっと認知症の症状だと誤解したまま悩んだことと思います。

似たような体験は他の人からもずいぶん聞きましたが、実は私も他人事ではすまされません。

あるとき、美容院に行ったついでに生揚げを買って帰り、冷蔵庫に入れた……と思っていたのですが、これがどこを探しても見当たらない。確かに2枚買ったし、値段もハッキリと覚えているし、店の人と話したことも記憶にある。台所に出しっぱなしでは傷んでしまうと思って冷蔵庫にしまったものが、どういうわけか見つからない。絶対にないのです。

白状すると、このときの生揚げは、1カ月ぐらいたってから干からびて、ポリ袋ごと、なんと「本棚」から出てきたのです。自分でも信じられませんが、なぜ本の間にはさんで入れてしまったのかはナゾのままです。

なぜここに？ 探してたモノが見つかる場所はナゾだらけ

物忘れも度忘れも「お互いさま」の精神で

こんなケースに出合ったことがあります。

あるトークショーの会場で、出席者のいちばん年輩の大先生に最後のごあいさつをお願いしようと、司会役の人が説明をはじめたところ、途中でその人の名前を度忘れしてしまったのです。

名前を忘れられたり、間違えられたりしたら、誰でもムッとするもの。

そのご当人は、サッサとマイクの前に行き、

「司会者に名前を忘れられた○○です」

と自己紹介していました。みんな拍手かっさいではありましたが、司会役も大先生もさぞ気分が悪かったことでしょう。

私もテレビや討論会で言い間違いをしてしまうことが時々ありました。ふたつの言葉をミックスして、紛《まぎ》らわしい似て非なる言葉を作ってしまい、たとえば「公正中立」と言ったつもりが「公立中正」と言ってしまったり。

頭の中では何を言うかはっきりわかっているのに、その言葉が出てこなくて言い間違うわけだから、気づいたら、すぐに自分で「あら、間違えた！」と言ってしまうに限ります。

思い出すためには運動だと思って原点に還《かえ》ればいいし、名前が出てこなかったり、言い間違って相手に失礼なことをしたと思ったら、すぐに頭を下げて平謝りすればいい。これも腰の運動になるのですから。

そして物忘れも度忘れも、お互いさまという気持ちをそれぞれが持ってほしい。自分だけはしっかりしているつもりでも、年齢とともにどこか抜けたところが出てくるものですから、「お互いさま」と言える人間になりたい。

間違ったら意地を張らずに平謝りする。

平謝りされたら、「お互いさま」といたわる。
これが人生100年時代を元気に楽しく生き抜くためのルールだと思います。

「あら忘れた」「あら間違えた」素直に言ってしまうが勝ち

記憶に頼らずメモに残す

また、ある程度物忘れが進行していると自覚するようになったら、どこかにきちんと書き残すようにすることです。

昔々、ある自治体の委員会でまだ30代だった私は最年少でした。たいていの方は50代後半から60代。そのズラリ並んだ大先生方が要所要所で一斉に手帳を取り出してメモを取られたのを見て、偉くなる方というのは心がけが違う、何でもきちんとメモをお取りになるのだな、と感心したものでした。

今思うと、心がけの問題ではなかったのです。

偉くなるお年頃には物忘れが始まっているから書いていただけなのだと、自分も年をとってみて納得しました。近ごろは私もこまめにメモを取り、週単位でスケジュールを確認する毎日です。

もうひとつ大切なことは、不安なことがあったら誰かに聞いて確認すること。働き盛りの中年までのクセで、どうも他人にものを聞くのが苦手だったとしても、です。

しかし、年をとることの良さは「新しい事には疎《うと》くて……」とか、「恐れ入ります、少々ボケてきたようで忘れてしまったのですが……」と、恥ずかしがらずに何かを尋ねることができるということです。

若者にはわれわれの税金を使って教育の機会を与えているのですから、少しは投資の回収をしないと。そのつもりで、私は若い人たちには堂々とものを尋ねることにしています。その若者が忘れたら、「ハハア、脳細胞の死滅が早くも始まっていますなア」とイヤ味を言う。これも年とって味わえる楽しみのひとつ。

忘れないようにメモを取ると同時に、「あなたも忘れないでね」と念を押して、他人に依存することも安全策になります。同じ年頃同士のときは、こうして記憶を共有するといいですよ。記憶の助け合い安全ネット。これぞ情報の共有化！

ただし、相手が忘れてしまっていても恨まないことです。双方が忘れることだってありますから。

物忘れで広がる友達の輪！　お互いさまなのだから。

年をとったら新しいことに疎いのは当たり前

勘違いや思い込みでまさかの大失敗

物忘れで相手に迷惑をかけること以外では、取り違えによるミスも、年とともに増えてきます。

かつてオペラ同好会の親しい仲間うちでチケットセンター役を務めていた私は、電話でそれぞれのスケジュールを確認してチケットを予約したつもりで、逆にみんなの都合の悪い日のチケットを買ってしまっていたことがあります。

受話器を片手で押さえながら、スケジュール帳を開いてちゃんと確認したつもりでいたのに、とんでもない無駄づかいをしてしまった。よく考えると、なんと私だけ1カ月先のページを見ていたらしいのですが、何にせよ後の祭りでした。

ある地方での講演会では、先方の依頼してきた出発日と送ってきた新幹線のチケットの日付が1日違いだったことがありました。私は自分が講演日を勘違いしていたのかと、チケットのほうを信じて、約束の日には家でのんびりしていたら主催者から電話が！　講演の前夜に現地入りして当日は午前中から講演会という段取りだから、プラットホームで私を待ち続けたというのです。

慌てて仕度をし、深夜長距離の車を飛ばして講演に間に合いました。これは主催者側の担当者が切符を買い間違えた。現役の若い人でも間違うのだから、自信（？）を持っていい。そうは言っても、私のほうもチケットが届いたときに確認すればいいことだったのですが。

忘れられないいちばんの取り違えは、なんと自分が代表を務める（当時）「高齢社会をよくする女性の会」総会の日程を決めたときのことでした。1年前から約束の入っている絶対に駄目な日と、大丈夫な日の両方を、電話口で言ったことから取り違えが生じて、ダブルブッキングしてしまったのです。

なんとか時間をずらし、2カ所掛けもち（！）で乗り切り解決したのですが、大事なスケジュールの確認などは、単純な答え方をしないと、親切のつもりがかえって誤解をうむものだと反省しました。

「○○日はいいけれど、△△日や××日は駄目」などと余計なことは付け加えないこと。不安だと思ったら、もう一度正しいほうだけを繰り返すことです。

できればFAXやメールなど文字で伝えること。でも、せっかく文字で伝えたつもりが、書き違えをしてさらに混乱、という笑うに笑えない話も。自分も相手もわけがわからなくなることがあるから、要注意。

何ごとも念には念を入れて。

60代のことですが、私は講演会の日を取り違えて、結果としてすっぽかし、賠償金を払ったことがあります。相手の確認も不十分でしたが、交通事故でいえば七分三分ぐらいで私の過失。つらいけれどよい教訓となりました。

物忘れだけなら、自分の範囲ですみますが、取り違えはアフターケアに混乱が生じたり、大慌てになることがあるから、事前に確認作業をしないといけません。

それに取り違えが争いの原因になどなったらバカバカしい限りです。

これは年齢に関係なく誰にでも起こりうることですから、予防、冷静迅速な動き、的確な事後処理が必要です。

繰り返しますが、物忘れ対策の王道は、

1、予防、備忘録、メモを取ること
2、忘れたら謝る
3、迅速な事後処理

以上の3つが大事です。

まず謝る。次に、どうすればいいか考える

還暦転倒事件がきっかけで、1にも2にも転ばぬ知恵

私は還暦の年に転倒して膝をケガしたのですが、このとき、人はいかに健康法に凝《こ》っているかを知りました。身近な友人から外国の方まで、霊験あらたかなお札《ふだ》やら健康食品、特効薬の類いがたくさん送られてきたのです。

ところが私は根っからの不精者で、次々紹介される健康法にはまったく興味がないし、試したところで長続きしないと自分でもわかっています。唯一やっていることといえば、若い頃、結核を患ったので、疲れをとるためにすぐに横になることだけ。

切羽詰まった「ゲンコウ」より「ケンコウ」だと思って、睡眠時間はしっかり

とります。だから徹夜で原稿を書いて締め切りを守るなどという身体に悪いことはしない主義です。

ある新聞社から取材の依頼がありました。そのとき電話で「健康法は何ですか?」と聞かれて、「ただ寝るだけ」と答えたら、つまらないと思ったらしく、その後取材に来ませんでした。睡眠をとることほど大事なことはないと思うのですが。

ところで、還暦記念に転んだ話に戻ります。転んでケガをしてから、転ばないための対策として、姿勢をよくして颯爽と歩くことがいかに大事かを知りました。シワだのシミを気づかうより、まず姿勢が大事です。若さがなくなると歩き方にもハリがなくなります。首が垂れ、背が曲がり、腰が落ち、膝が折れる。そうならないためにはできるだけ背筋をピンと伸ばすことです。

もうひとつ転んでわかった教訓は、何ごとも急がない、気を散らさないということ。

特に階段の上り下りの際には、他のことをゼッタイにしない。バッグの中の財布を探しながら階段を下りるというような無謀なことは、ゼッタイにしないことです。

階段はできるだけ手すりのそばを通る。手すりは恋人の腕より確かに私を支えてくれます。もしそばに手すりがなかったら、恥も外聞もなく連れと腕を組む、誰かに支えてもらうくらいの覚悟でちょうどいいと思っています。

一意専心、階段を下りることに意識を集中する。

自動券売機の前でやおらバッグから財布を取り出したり、改札口の前でスイカ(Suica)やパスモ（PASMO）など、交通系ＩＣカードを探し始めたりすると、バアサン度が高いと言われます。

直前になってバタバタ探すより、人の邪魔にならないところでゆっくり用意すればいいのです。慌てて階段で転んだりしたら、もっと迷惑をかけるし、自分がいちばん痛いし、落ち込んでしまいます。

自分の不注意で転ぶということは、まわりにも自分にも迷惑です。骨を丈夫にするとか、運動不足を気にする前に、とにかく転ばないよう時間に余裕を持って慎重に歩くことです。

転倒防止の必要は、加齢と共に高まりますが、たとえ50代でも60代でも「転倒」は避けなければなりません。

さて、私の還暦転倒事件はいかにして起きたか?

友人と一緒に知人宅の入り口の階段を下りていたときのこと。暗い階段の中央を、楽しくおしゃべりしながらタッタッと下りてきて、踊り場近くで一段踏み外し、膝をデーンと石段に打ちつけたのです。その痛かったこと!

幸いにも皮下脂肪のおかげで、膝のお皿は割れなかった。肥満は脚に負担をかけますが、ぶつかったときクッションになるというプラス面もあるようです。

とはいえ、よそ見をしてしゃべりながら、暗くてよく見えないのに、何度も行っている家だと油断して大惨事を招いたのです。

また別な知人には、マンションの外階段を、いつも使っているからと、日が暮れてからいつものように下りて転倒して大ケガをしたという人もいます。建物の中と外の照明落差に目がついていけなかったと言っていました。これも危ない。

暗がりを歩くときは平坦な道でも細心の注意が必要です。街にもっと光を！と言いたい。とくに階段灯の暗い階段は、慣れていても慎重の上にも慎重に。

何かをしながら階段を下りない、上らない

追突事故でムチ打ち症、床で滑って宙に浮く！

自慢（?）するわけではないのですが、還暦転倒事故の前には、タクシーに乗っていて追突され、ムチ打ち症になったことがあります。そのときしばらく首にギプスをはめていて、つくづく身体の不自由さを痛感しました。

その少し前には、雨で濡れた塩化ビニールのタイルの床で見事に滑って転んで、右手の親指が打撲で腫れ上がってしまいました。

ある大学のコミュニティーセンターのオープニング・セレモニーに出席したときのこと。急な夕立があって傘立ての準備が間に合わず、新築間もない建物の廊下は参加者の傘からしたたる水で濡れていました。

塩化ビニールは親水性が高く、そこをヒールのついた靴でタッタッタッと元気よく歩いたものだから、スッテーンと勢いよくひっくり返ってしまったのです。身体のどこも床についていない瞬間が、自分でもわかりました。

〈樋口恵子、宙に舞う!!〉

大勢の人があっけにとられ、笑うに笑えず困っていたのが、今でも鮮やかに思い出せます。

というわけで、50代後半から60代の間に、大きな外傷に3回見舞われましたが、老いやケガによる身体の不自由さが、いかに日常の何気ない行動の自由を奪うかがわかって、いい勉強をしました。ある意味では老化の予行演習でした。

ムチ打ち症で首にギプスをはめたときは、文字どおり首が回らない不自由さに泣きました。普段そんなにキョロキョロしているつもりはなくても、ごく自然に首を回すことでいろんな角度からものを見ているわけで、小さな段差を難なくかわすことができているようです。

ところが首が固定されていると、目だけではとっさの判断に追いつけない。人間は足場の悪いところでよろけそうになると、本能的に何かにつかまろうとするものですが、都合よくつかまるものが視野に入るとは限らない。

私は駐車場でポールにブラブラ揺れる鎖をつかんでしまい、危うく二次災害を起こしそうになってしまったこともあります。

無意識の行動が首のギプスひとつで制限されてしまう怖さを、私は痛感しました。それと同時に、しっかりとした手すりがあって段差のない建物がいかに大切かという、街作りの基本理念がよくわかりました。首の回らない人、足元のおぼつかない人は大勢いますし、これからますます増えていくのですから。

予期せぬ事故で学んだ老いの暮らしの現実

親指が使えなかったときの不便さ

転んで右手の親指が腫れ上がったときは、まず、ものを書くのが不自由になるということを覚悟しました。しかし鉛筆を軽く持とうと思えば、何とか我慢して文章を書くことはできたのです。

ところが、親指なしにはどうしても不自由な動作がふたつありました。

ひとつは化粧品のビンのフタがねじれなかったこと。

親指を支点に、人指し指、中指の3本をきちんと揃えてフタをつかまないと力が入らない。右利きの人はビンを持ち替えて左手でひねることが器用にできません。

もうひとつは、もっと重大なこと。トイレにおける下着の上げ下げに関してです。これも普段はほとんど無意識のうちに両手を使って一気に上げ下げしている動作ですが、片手では力が入らず本当に苦労しました。特に外出先のトイレでは手荷物もあって、もっと大変でした。

健康なときはこの作業を、日に何度となく平気でやっているのですから、親指サマサマなのです。このとき、無理に力を入れようとすると痛みが脳天を突き抜けました。世の中には親指1本ごときで不便なことがたくさんあります。

ケガでなくとも年とともに指先の力も衰えてきています。近ごろは少しの力でフタをらくに開けられるグッズも出てはいますが、ビン詰など、年と共にフタを開けるのには苦労します。

最近はひとり暮らし用の、少量・小型製品がとても充実しています。1回分の醤油やマヨネーズなどとても便利ですが、今後、指先の細かい動作が上手くできなくなってくると、ひとり用の小さな容器は意外と開けにくいのではないか。本当に親切な商品なのかどうかは疑問です。

ペットボトルのフタを開けるのにも案外、力が要ります。ハムなど密閉パッケージの食品のスミには「ここから開ける」「ＯＰＥＮ」の表示がありますが、これも指先の力がなくなると開けられません。つい最近は、わが家で打ち合わせのときに、個別包装のお菓子をどうしても開けられず、「恐れ入りますが、開けていただけますか」とお客さまにお願いしたことも。

日常生活の中で、ひねる、ねじる、回す、引っ張るというような動作がいかに必要か。高齢世帯を巡回するこうしたボランティアも必要になるのでしょうか。

それとも高齢者に使いよい商品開発のほうが先でしょうか？

「ひねる」「引っ張る」お助けグッズのもっと開発を！

自称トイレ評論家、行く先々で手すりの必要性を訴える

膝を痛めたときには、当時の自宅の階段に手すりがないのは致命的だと思い、さっそくリフォームにとりかかりました。

まず、階段に手すりをつけ、そのついでに、台所のタオル掛けも丈夫なものに取り替えました。そのころのわが家では冷蔵庫の前の床を猫のエサ場にしていて、しゃがんでエサを置くたびにタオル掛けにつかまって立っていたものですから、壁のボードがだんだんしなってきたのです。

ヤワなものに体重をかけてしがみつき、そのままよろけるような危険は避けるべきだと思い、それを張り替えて丈夫にしました。

膝のケガで1カ月ほど出歩けなかったのですが、身体はどこも悪くないので、しばらくすると「這ってでも来てください」というご要望や、どうしてもキャンセルできない約束もあって、痛さをこらえて講演などの仕事に復帰しました。

移動は車だからさして支障はないのですが、当時いちばん困ったのはトイレ問題でした。

私は講演中よく水分を摂るので、終わると必ずトイレに行きます。その結果、公民館や市民会館など、公共施設のトイレ評論家になれるくらい、あちこちのトイレ事情には詳しくなりました。当時、昭和40年ごろまでに建てられた施設のトイレは、ほとんどが和式でした。片足が不自由な人間にはまず使えないのです。

膝を曲げる痛さをこらえて、ゆるゆると騙《だま》し騙ししゃがむことは何とかできても、立ち上がるには、どうしても膝に力を入れなければならない。瞬発力がないと立ち上がれないのです。力の入れ方によっては、脳天を突き抜ける痛みが走ります。

それでも立てればいいけれど、場合によってはグラッと身体が傾いて、どこかつかまるところを探して身体を支えねばならない。ところが残念なことに、トイレにはほとんどつかまる場所というものがなかったのです。

手洗い用のパイプもないところでは、壁の突起物はペーパーホルダーだけということもありました。それも実にチャチな仕組みで接着剤で貼りつけたり、小さなビスで留めただけのことが多かったのです。

ビス留めのホルダーに手加減せずにつかまって、片方のビスを飛ばしてしまったこともあります。このときは公共物破損だと思い、膝の痛みをこらえて涙をポロポロこぼしながら、ビスを留め直したのは忘れられません。

日本の街作りは、つい最近まで人生50年の歴史を基盤に作っていました。身体の不自由さを長期間抱えた人向きにはできていなかったのです。

不自由度にもよりますが、本当に手すりひとつで事故を防ぐことがあるのです。

そうしたことを痛感して、私は機会あるごとに書いたりしゃべったりしました。建築家や都市計画の研究者、実務家の勉強会に「高齢社会と都市」というテーマで何か話すよう呼ばれたときのこと。ここでもまたトイレに手すりが必要なことを訴えると、30代とおぼしき建築家が身を乗り出して話し始めました。

彼は、駅舎や公園など公共のトイレの設計も手がけるそうで、熱心にも完成後、何度か現場に足を運ぶそうです。そこで本来の使い方ではこんなに壊れるはずがないのに、トイレットペーパーホルダーがよく壊れているのを見て、不思議に思っていたというのです。

「そういう力のかけ方をする人が増える社会なんですね。目からウロコが落ちました」と、言われて私は嬉しかった。

そういう素直な受け止め方をしてくれる若い人がいてよかった、この話をしてよかった！ と心から思いました。

トイレは断然、洋式のほうが使いやすい。１９７０年代のころには都市部のデイケアセンターで洋式トイレを採用したところ、便座の上に乗って使う人がいて転倒事故があったという話も聞いたことがあります。が、もはや高齢者でも、洋式以外は使えないという人がほとんどでしょう。

今や団塊の世代がデイケアセンターを利用する年齢に達しました。

トイレの手すりという点では、新幹線のトイレがいちばんしっかりしていると思います。車中は横揺れが激しいから、手すりが縦と横、十文字についています。不安定な場所で、いかに手すりがありがたいか、若いときはわからなくても、年をとれば誰でもわかることなのです。

老いて知る「手すり」のありがたさ

■老いの知恵袋 1

やることがたくさんあって混乱しそうなときは

気になること、やるべきことが重なって混乱しそうなときは、ひとつずつ解決を。たとえば私の場合、公私共に仕事がいくつも重なって、どこから手をつけたらいいかわからない、ということがあります。

その際、やるべき仕事の中でも切羽詰まったものをいくつか書き出し、その中の取りかかりやすいものから始めます。

ひとつでも終わると、肩の荷が軽くなります。気がラクになります。

そうして、一つひとつ片づけていけば、気がついたときにはだいたい全部が片づいているのです。

第2章

忍び寄る老いをはねのけ、おしゃれを忘れず

「老いるショック」は白髪から

私の場合、自分の肉体的な老いを外見上で感じるようになったのは、40代後半ごろだったと思います。母を見送った40代初めには、まだ1、2本しかなかった白髪が、後半になると両脇の鬢《びん》のあたりにウワァーっと増えたのです。

この生え際に、束になって生えてきた白髪こそ、まさにわが「老いるショック」でした。

そのころから、気に入っていた中国の古代ガラスのネックレスもしなくなりました。つけていると重くて肩がこって辛いからです。洋服も、どうしてこのごろあんなに気に入っていたロングコートを着なくなったのかと思うと、重さのせいだったりしたのです。

というわけで、私の外見上の老いとの闘いはまずヘアダイから始まりました。

といっても実際に染め始めるまでに、それから2、3年はかかっていましたが。

白髪の出方が内側にかたまっていて、染めなくてもなんとか表面だけは隠せたし、目立つ数本の白髪は、その都度抜いてもどうということはなかったからです。

それで、50歳を過ぎたころから、周りの私より若い人に、

「そろそろ染めようかと思うけれど、まだ迷ってる」

と話したら、

「ええっ！　樋口さん、まだ染めてないの？　その年齢で立派ですよ」

と言われたのを覚えていますから、50代前半のころだと思います。その後も、

「染めていらっしゃらないとは……お若い！」

の声に悦に入《い》ってはいましたけれど、春一番が吹いたりして髪がパア～っと持ち上がると、その瞬間、内側の白髪がパッと目立つのです。

実はそのころは、出かけた先々で、この人の白髪はどのくらいだろうか、あの

人の年齢で真っ黒ということはないから染めているのだろうなどと、他人のことがあれこれ気になり観察怠りなかったのですが。

「染めるべきか」「染めざるべきか」白髪問題は悩ましい

白髪は潔い、されど黒髪は凜々《りり》しい

人生、老いるといろんな迷いが出てくるものですが、まさか自分が髪の毛を染めるか染めないかで何年も迷うとは思ってもみませんでした。

明治生まれの母の場合は私よりも早く染め始めました。戦後それほど間もないころで、今よりもずっと粗悪な白髪染めの薬品しかなかったから、母は「また痒くなった」といつも私にグチをこぼしました。

「こんなに真っ黒に染まってしまって……嫌だわ……」

生意気盛りの学生だった私は、同情もせずに、母に説教をたれたのです。

「そうやって老いを隠そうとするから苦労するんでしょ。年をとれば白髪があって当たり前。シミ、シワ、白髪は老いの特徴よ。それを隠そうとするから余計な悩みを抱えることになるのです！」

母もいささかうんざりしていたのでしょう。

「それもそうね、皇后陛下（香淳皇后）も染めていらっしゃらないし」と畏《おそ》れ多いことを言って、あっさり染めるのをやめてしまい、しばらくはゴマ塩状態でしたが、やがて亡くなるころにはきれいな白髪になっていました。

私が「年寄りは白髪で当たり前」と正論をはいたのは、母のグチにつき合うのがただ面倒だったからで、今になってその話を思い出し、母に悪いことを言ったと思っています。

「年だから仕方ない」というせりふは、思えば残酷です。

しかし、自分で母に言ったように、50歳前後のころの私も「年なのだから、仕方がない。このまま自然にまかせて真っ白になる日を待とう」と、ある日カタク決意します。白髪の似合う清々《すがすが》しい老女になりたいと思う。

が、またある日は、尊敬する先輩などは髪を黒々と染めていらっしゃるな、と考えが揺らぐ……。その黒髪を拝見すると、なかなかに凛々しいのです。

白髪は潔《いさぎよ》い。しかし黒髪は凛々しい。頭のてっぺんを黒くすれば、それに合わせて脳味噌も若返るのではないか、と思わせるような凛々しい活力が黒髪にはあると思えたのです。

年齢関係なく、染める・染めないの決め方は人それぞれ

いくつになっても永遠のボブスタイルで

白髪を染め始めるとそのための時間とお金がかかります。月に一度は美容院に行きたいところですが、生え際をなんとかごまかしながら、60代からずっと年に10回ぐらいの割合で髪を染めてきました。

そろそろ染めに行く時期だと思い始めてから、仕事の都合で10日ほどたってしまうことも多く、カラーリングには時間がかかるので、遅くまで営業している美容院が近くにあったらいいのにとつくづく思います。

もともとパーマはかけていないので、カラーリング以外はいたって簡単。30歳のころからずっと変わらず、肩につかない程度のボブカットにしているので、手間はかかりません。

以前、大阪発のテレビ番組に出演してテレビ局のヘアスタイリストの方のお世話になったときがありました。本番前に器用に前髪をフワリとカールさせてくれるので、変身気分が楽しめます。ただ前髪を軽く立ててムースをつけるだけなのですが、要するに、華やかになるのです。

そのせいか、活字だけで私を知っている人は、私のことを普通以下の平凡で地味なおばさんだとわかっていますが、最初にテレビで私を知った若い方に直接会うと、

「テレビで見るのと、イメージが違う」

「実物は地味な方なんですねえ」

とよく言われたものです。

昔から「眉目《みめ》より髪かたち」ということばを母の世代の人たちはよく言っていました。たしかに良い額縁に入れると平凡な絵もありがたく見えるように、ヘアスタイルというものは「額縁効果」があるようです。

たまにある写真撮影、テレビ出演というときは、美容院のお世話になるようにしています。

ヘアスタイルとは、かように額縁的な効果があります。

それと共に、気に入った髪形のときは自分自身でも気分がいいし、逆に髪が汚れているとイライラしてきますから、やっぱり髪は脳味噌とくっついているのだと思います。

人の視覚に与える影響もさることながら、清潔でいれば自信も出ますから、人前で堂々としていられる。そういう心理的な影響もけっこう大きいものです。

最近は真っ黒ではなく、自然な感じのブラウンにしています。

髪がきちんとしていれば気分も上々

歯に必ずモノがはさまる

若いころからの習慣のまま、老いを忘れて油断していると、思わぬ失態を演ずるものです。

ある会合の席で、食後にスッと爪楊枝を渡されたことがあります。普段、楊枝など使う習慣がなかったので、「エッ」と思ってコンパクトを取り出して見たら、前歯のスキマに今食べた料理のカスがはさまっていました。恥じ入りました。

知らず知らずのうちに、歯と歯のスキマが広がっていたようです。年齢とともに歯茎が痩せてくるせいです。

近ごろ、食べこぼしも増えました。よく注意していれば防げますが、もしも食べこぼしてしまったらすぐに手当てするようにしています。外出の際は必ず洋服のシミを確かめてからにして、そのまま出かけないように気をつける。そして淡い色の洋服を着ているときは、ナプキンを喉元からぶら下げたりして気をつかって食事をします。

とあるバイキング形式の店で、そのままの姿でコップを取りにいき、いっしょにいた友人に「恥ずかしい」と叱られたことがありました。

シミをつけたまま歩くよりはましですが、これも度が過ぎると年寄りの居直りと受け取られるでしょう。

気をつかいつつ、どこかで居直る。そのバランスをおもしろがっていればボケるひまなどありません。

もういいや、そう思ったときから心もバアサンに

せんべいをバリバリ噛んで奥歯が欠けた

私の歯の質はきっとＤＮＡの上で丈夫なのでしょう。若いころからきちんとした手入れをしていないし、キャラメルを20粒も食べて磨かずに寝るような乱暴なこともしてきたわりには、まともな歯を持っているとずっと思っていたのでした。しかし、50代に堅い塩せんべいをバリバリ噛んで奥歯を1本駄目にし、その後大きなキャラメルを食べ続けてさらに1本駄目にして、60代に合計2本の入れ歯になってしまいました。

入れ歯になったときは自分でも意外だったのですが喪失感を感じました。特にはずして洗うたびに、こういうものの厄介になっているのかと思い、むき出しの入れ歯を人前にさらすことはしたくない、と思うのでした。そうして、これ以上自前の歯を失うまい、無茶はするまいと、柄にもなく反省したものです。

ところが、親知らずのほうは、根が2本ある珍しいタイプだとかで、虫歯になって抜いたところ、それまで押さえられていた歯が生えてきて、医者も本人も驚きました。それも還暦のころから生え始めたのです。

そもそも親から独立する20歳ごろから生えることから名前がついた歯ですが、まさに親と死に別れた後に生えてくるとは、長寿時代にふさわしいではありませんか。

私は時代とともに生きているのだと屁理屈をつけて、これをネタにエッセイを1本書いたものです。

入れ歯は自分の歯並びにきちんと合っていないと気分が悪いし、口の動かし方や話し方まで変わってしまうから、年をとったら相性のいい歯医者さんを探すことが大切です。

母は死ぬまで入れ歯がうまく合わないと嘆いて私にグチをこぼしていましたが、

身体の悪いところを我慢しているのはバカバカしい。それに母はグチを言う相手を間違えていたと思います。

もちろん、多分、あなたからも言ってちょうだいという私へのメッセージでもあったでしょう。昔風の女性だった母は、医師の前ではろくにものが言えなかったようです。

歯に限らず、医療機関の適切な利用の仕方、付き合い方、情報の仕入れ方、というのも老いへの重要なパスポートだとつくづく思うのです。

その後は、ありがたいことにそれ以上の歯を失うことなく、90歳の今でも自前の歯でおいしくいただいています。

歯医者選びはホントに大事

爪は健康のバロメーター

爪についても歯と同様、若いころからさしたる手入れをせずにしてきました。マニキュアなど、娘時代から子供を生むまでのほんの一時期しかしたことがありません。でも、いつもきちんと切り揃えて、清潔感を失わないように気をつかっています。

思うにこれは幼児期のしつけのすごさであって、私の小学校1年生のときの担任の先生は週に一度は、ハンカチ、ちり紙の所持と、手の清潔と爪の点検をして、少しでも黒く伸びていたら「摘《つ》んでらっしゃい」と注意したものです。

外国のミステリーでは登場人物のキャラクターを、服装や話し方など細かいディテールで表現することが多いようです。外見で階級や性格を判断するのです。

つい引き込まれて読んでいると、「爪もきちんと手入れされていた」の一節をよく見かけます。それも男女を問わず。爪の手入れや身だしなみは、おしゃれというよりエチケットの一部ということなのでしょう。

また、爪は健康のバロメーター、身体の不調はまず爪に現れるといわれていいます。カサカサしていたり、色艶が悪い、表面に縦の筋があるのはよくないそうだなどと、爪が何らかのサインを出していないかどうかは気をつけています。

私はきっと、これからの人生においてもマニキュアはしないで過ごすでしょう。不精な私に、美しく清潔にマニキュアを保ち、ときには服装によって色を替えるなんて芸当はとてもとてもできない、とはじめからギブアップしているからです。でも、よく手入れされた爪は、他人様のを見るぶんには華やかでよいものだと思っています。高齢になってもきれいにネイルアートされている方を見ると、きれいだなと思います。

おしゃれは好きですが、年をとってくると動作も遅くなるし、あらゆるところを完璧になんてできません。私にできることはせいぜいハンドクリームをぬることだけ。どこか手抜きして、得意技というか、ここだけはしっかり「おしゃれ」したいというところを重点的にケアして、おしゃれにもアクセントをつけて満足すればいいのではないでしょうか。

そして、年齢と共に出てくるのが足の爪問題です。

手の爪ばかりでなく、年をとってくると、足の爪を切るのを忘れがちになります。目の老化もありますが、かがんで爪を切るという動作がしずらくなるからでしょう。

巻き爪予防のためにも定期的に切るのが大切ですが、若い頃とは違う爪切りを使うとか、あるいは人に頼むという選択肢もあるかと思います。

「足の爪切り」も忘れずに！

靴やバッグや洋服は、やっぱりある程度の数がほしい

年をとってからの靴のデザインには、もっとバラエティがほしいと思います。安全で履きやすいからといっても、いきなりスニーカーやウォーキングシューズにはなりたくないという思いが私にはあるからです。私は今でもストッキングに低いヒールのあるパンプスが定番です。ズボンはリハビリを受けるときしかはきません。

娘には「ムカデじゃあるまいし」と牽制《けんせい》されるものの、靴にしろ指輪や時計にしろ、古いものを大切に使って、モノの寿命を延ばし、少々悩むくらいの数があると組み合わせを考えるのも楽しいし、ボケ防止にもなるはず。

バッグもしかり。色やデザインを楽しむのは大賛成です。とはいえ私のようにモノをたくさん詰め込む人間は、機能性と軽さを重視して、気に入るとそればっかり持ち歩いてしまうのですが。

通販で買えるバッグには重さが表示されているので、必ず本体が何グラムかを確かめてから、なるべく軽い素材を選ぶようにしています。

私の場合、洋服や靴とのコーディネートなど考えて取り替えていたら、必ず、忘れ物ばかりしてしまうので、冠婚葬祭以外、どこか壊れるか、あまりの長期間使用で飽きるかするまで、使いっぱなし状態というのが正直なところです。

バッグと靴は私の仕事の必需品です。一日として使わない日はないのだから、消耗品とみなして高価なものは買いません。

これには異論があって、娘に言わせると、使用頻度で定価を割ってみると、何日に一度しか着ない洋服とは比べものにならないのだから、高級品を買えということになります。

消耗品だから安物にするか、1回あたりの使用単価を考えていいものを買うか。どっちの理屈に立つべきか、これも「潔い白髪」か「凜々しい黒髪」かと同じように揺れ動きます。

でも、やはり私は身分不相応に高いものは買いたくない。

どんな高級品でも、ある程度使えば古びてきます。私のようなガサツな人間が持てばなおさらです。

しおれた高級品を持ち歩くよりも、形が崩れたり革がすり切れてきたら、思い切って買い替えられる値段のほうが私の精神衛生上よろしい。

そして何より高級なバッグは重いのです。

バッグは軽いに限る！

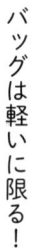

着るものを選ぶのは残された大切な自己表現

ところで、みなさんは古い洋服をどうしていますか。私は仕事柄、ある程度数多く持っているため、あまり着つぶさないうちに流行遅れになってしまいます。収納の達人に言わせると、2、3シーズン着ないものは死蔵品として処分すべきだそうですが、私の衣裳ダンスには10年はもちろん、20年、30年以上前の年代ものがいくらでもぶら下がっています。

愛着があって処分しにくいということもありますが、そもそも私は布地が好きなのです。ですから私の性格上、「断捨離」はあきらめました。収納場所の制限はありますが、なるべくいろんなデザインを取っかえひっかえ楽しみたいのです。

外国人がみな若いころからおしゃれのセンスがいいとは思えませんが、以前、訪れた外国の老人ホームで見る人々はごくふだん着の格好をしているのに、どこかしゃれて見えました。そして明らかに認知症と思われるお年寄りでも、薄化粧をしてきれいな色のワンピースにアクセサリーもつけて、車椅子に座っていたりする。誰もが個性的な装いを楽しんでいたのでした。

若くて元気なうちは多様な自己表現手段があるのだから、洗い晒しのジーンズによれよれのTシャツでもいい。しかし、介護を受ける身になると自己表現する機会と空間がぐっと狭くなります。そうなると身ぎれいにしているということ自体が、自己表現としての重みを増し、そこに働く人へのメッセージにもなる。「私はここにいますよ」という存在の主張です。

くすんだ色の洋服を着てしょんぼりしていないで、きちんとおしゃれをすると、自分の人生をきちんと生きているのだとアピールすることになります。

また、デンマークで訪れた老人ホームの責任者に聞いたところ、入居するときに、本人がどんな洋服が好きなのか、どの色が好みなのかを家族に聞いておき、その日の気分で洋服を着替えるように世話をしているそうでした。

年をとって、自分で選択する事柄が減ってきたとき、着るものによる自己実現は、残されたわずかな選択肢です。そういう視点からも、年をとってからの装いは、かなり重大な意味があると私は思っています。

植物も精いっぱいきれいな花を咲かせて虫を惹きつけ、種の保存を図っているではないですか。種はともかく、高齢者も個体の生命力を維持するためには、自分に快く、他人に不快感を与えない装いが必要でしょう。

朝起きたら必ずパジャマから洋服に着替えて、食堂でみんな一緒に食事をする。人前に出て刺激を受けることで、心も身体も活性化するそうです。

着替えるだけで心も身体も活性化！

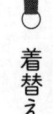

おしゃれとは、老いていく身に「元気」をまとうこと

ある自治体の福祉担当者が目を丸くして語ったことを今でも忘れられません。

生活保護を受給して、アパートに引きこもっている高齢女性を何とか説得してデイサービス（日帰りの介護）に誘い出したそうです。

すると、あっという間に表情が明るくなり、何よりも身だしなみがよくなって、見違えるほど若々しくなった。見たり見られたり、人間関係の豊かさによって、人の外見が変わっていったよい例です。

コロナ禍のときは老若男女問わず、どんなに「人間関係失調症」に悩んだことでしょう。

ひとりで家や部屋に引きこもっていてはろくなことはありません。私などひとりきりだと、パジャマ姿のまま鍋から直接うどんをすすりかねない。

もうひとつ、ヘアスタイルについてひとこと。ヘアは「額縁」と前項で申し述べました。欧米の老人ホームにはまずはほとんど美容室があり、一般の美容室のスタッフが出張してきたり、市価より安くサービスしてくれます。入居者のヘアスタイルは長さを含め好みのまま。かなり前の話ですが、日本の老人施設にはある時期、「お世話しやすいよう」施設カットと呼ばれる刈り上げにしてしまうところもあったといいます。好みを言う入居者はわがままだとも。

きれいに装っていると、元気がでます。アメリカのポップスで、かつて日本では江利チエミが歌ってヒットした英語の曲が忘れられません。

「憂うつなときもハッピーに振るまって」という内容です。人生終末期のおしゃれとは、同じように、年老いながら元気を装うことだと思っています。

人はみな、ときに病気を患ったり、自分の肉体の異変や衰弱を意識したり、外見のシワやタルミやシミに気づきながら、ケガや病気、別離など、さまざまな問題を抱えて生きています。

人生50年のころよりも人生100年の今、さらに悩みと悲しみは重層化していくことでしょう。だからこそ人生最大の装いは、老いていく身を「幸せの鎧《よろい》」で装うことだと思います。それはもっとも難しいおしゃれですが、その効果は自分自身だけでなく、他者にも及ぶものなのです。

楽しいこと、うれしいことばかりでなく、辛いこと、苦しいこと、世の儚《はかな》さ、孤独……そうしたことも十分見尽くしたうえで、きれいに装う、元気に装う。他者のよいところに気づく。そのことをことばや態度に出して、少しでも周囲の他者を勇気づける。それが、最大で最後の人生のおしゃれだと思うのです。

おしゃれで幸せ度アップ!

神様は意外に公平。どんな美人も平等にバアサンになる

実は私、若いころは容貌コンプレックスでほんとうに、ほんとうに悩みました。顔を気にしはじめる中学生のころ、運悪く周囲の友人はなぜか揃って美女ばかり。美人たちは自信があるので遠慮会釈なく「あの人すてき！」「目がかわいい」とか、同級生・上級生を批評しまくって、私には気の毒そうな視線を向けます。

たまに慰め顔で「あなたはお勉強で一番だから」と、とってつけたように言ってくれる人もいたけれど、それは「あなたは顔ではビリよ」と言われたのと同じ。

神様は不公平だと思いました。

そもそも私は、容貌コンプレックスになるような環境で育ちました。唯ひとりのきょうだいが2歳上の兄で、この兄が頭も顔も私より段違いによくて、私は生まれたときからサエナイ妹でした。まだ女の子だったからそれほどひがまなくてすんだと思います。

男の子同士でこれほど格差があったら悲劇的だったでしょう。

兄貴はおよそ妹をかわいがることなく、いつも私の不細工な顔、とくに鼻の低さをネタにして、歌までつくってバカにしました。

父母はものの分かった人たちだったけれど、そんな兄を真剣に叱ったことはありません。私が泣いて訴えても、母はいつもこう言いました。

「知らん顔してればいいの。あなたが言い返すからおもしろがって言うだけよ」

これって、今どき学校で起こるいじめを、教師が「ふざけていると思った」というのに似ていませんか。

この兄は15歳で亡くなって、ずっとずっとあとになってから、わずか2歳違いで妹が生まれ、母の膝を奪われた兄の悲しみとくやしさがやっと少し理解できました。不細工なくせに陽気で、台所と茶の間の人気を集める妹が小面《こづら》憎かったにちがいありません。

でも、自分の力でどうにもならない容姿のことで、幼いうちに傷つけるのはよくありません。私は同じ程度に不器量な女の子が感じるよりも、物心つくころには、はるかに大きな容貌コンプレックスをもって育ちました。

ほぼ完全に容貌コンプレックスから解放されたのは20歳を迎えたころ、あるきっかけから、当時有名な劇作家に「話をするあなたは美しい」「自信をもっていい表情を持っている」とほめられたからです。

だからといって、顔立ちが変わったわけではないことはよくわかっていました。

私自身、顔にこだわる自分がいやになっていました。もっと人間的に成長したいと願っていました。その時期にこの劇作家の言葉が私の心を後押ししてくれたのだと思います。

私が容姿を含めて、所与《しょよ》の条件の中で精いっぱい生きようと決心すると、いつの間にか社会的活動の場が広がり、ますます容姿にこだわらなくなりました。

そして、年を重ねてこう思うのです。

「神様は意外に公平なんじゃないかしら」

自分のことはさておき、クラス会などに出かけると、みんな同じ年月を重ね、シワもシミも白髪も増えているけれど、思いがけず垢抜けてキリッと老いている人もいれば、がっかりするほど老け込んだ人もいます。

若いころの美人度はそれほど関係ありません。

美人ほど老い方がむずかしい

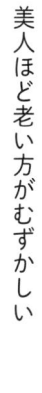

人生100年、老いておしゃれに美醜なし

韓国の中高年女性がひところ好んで使った言葉に、老いておしゃれに美醜なしという意味の、次のような名言があるそうです。

〈40歳〉美人不美人関係なし。40歳になると、美しいか醜いかは関係なくなる。

〈50歳〉学歴関係なし。50歳になると、大学を出ていようがいまいが関係なくなる。

〈60歳〉既婚未婚関係なし。60歳になると、夫が先に亡くなる例が増えるから、結婚しているかどうか関係なくなる。

〈70歳〉お金の有無関係なし。70歳になると、お金をもっていてもそれほど買い

たいものがないから関係なくなる。
〈80歳〉生きているかどうか関係なし。80歳になると、いずれ間もなく死ぬから
　生きているか死んでいるか関係がなくなる。

ずっと平均寿命が短かった時代に作られたそうですがドキッとする内容です。長寿社会というのは公平な面があり、努力がものをいう余地が増える時代です。考えようによっては、張り合いのある時代ではありませんか。「男の顔は履歴書」という言葉がありますが、今や「女の顔も履歴書」です。

　といって、私は美人たちに恨みつらみはございません。人生１００年時代は、あの樹木希林さんのかつてのＣＭにあったように、生涯を通して「美しい人はより美しく、そうでない人はそれなりに」美しくなれる時代だと思います。

女の顔も履歴書！

■老いの知恵袋 2

加齢臭、自分だけ例外はナシ

年をとったら、誰でも加齢臭とは無縁でいられなくなると覚悟いたしましょう。入浴、歯磨きなどを怠らないようにすることはモチロン大事なことですが、案外、忘れがちなことは、同じ衣服を着続けることです。一回着るたびに洗濯では大変ですが、まだいいかな?……と何日も続けて着ないことです。

衣服には、思いのほか体臭が沁みつきます。また、部屋を閉めっぱなしだと、自分ではわからなくても部屋のニオイが沁みついていたりします。クローゼットも時々は換気を。自分だけは大丈夫と思わず、気をつけること。周りの人ばかりでなく、家族でもなかなか言いづらいものです。

第3章

家族だけでなく「共立《ともだち》ネット」も作ろう

老夫婦こそ言わなければわからない

女性と男性の意識の差は女性が思っている以上に大きいものです。

共働きでフルタイムの仕事を持つ女性が、ある公開の席で定年後の計画について聞かれたとき、

「しばらくは、な〜んにもしたくない」

と答えたそうです。

子育てをしながら責任のある職につく身とあっては、家事全般を引き受け、そのうえ会社では男以上に働いて女性はようやっと一人前と評価される立場にいます。何十年もの間、体力、気力、知力ともフル稼働だったのです。な〜んにもしたくなくて当然でありましょう。

ところが、それを聞いた定年間近の男性がこう言いました。

「女の人はいいなあ、な～んにもしないなんて言い切れるんだから。男だって定年後な～んにもしたくないという思いはあるけれど、そんなことを言ったら、やれ粗大ゴミだ、濡れ落ち葉だと大騒ぎされるでしょう」

この男性の大きな勘違いは、男の考える「な～んにもしない」を、女性にも当てはめたことにあります。

定年まで勤めた女性が、「しばらくはな～んにもしたくない」と言うのは、再就職や地域活動など社会的な問題のことであって、家事そのものまでな～んにもしたくないと思っているわけではありません。

家にいられるようになったらなったで、ご飯を作り、ゴミを出し、掃除、洗濯、そして家の片づけと、今までできなかったぶんまで、それこそコマネズミのように働く人が多いと思います。

そこがリタイアした男性との大きな違いです。

仕事に行かなくなった男のすることなんて、多くの場合、本当にな〜んにもありません。朝、ご飯ができたと言われると、やおらテーブルに座って新聞を読みながら箸を動かす。満ち足りて箸を置けば、汚れた食器は流しに下げられ、コーヒーとデザートがさっと出る。

その後、腹ごなしの散歩かひなたぼっこなどしながらソファに座ってテレビを見たりするぐらいのもので、お風呂にお湯が張ってあるのも、洗い立ての下着があるのも、トイレットペーパーが補充してあるのも、まるで天然にわき出るぐらいにしか思っていない。近頃の若い方は大分変わってきたようですけど。

「夫語」と「妻語」はこのように、同じことを話していると思っていても、内容はまったく違っていることがありますから、なるべく言葉を尽くして、互いの溝を埋めていかなければなりません。

妻の側も「これくらいのことは言わなくてもわかるだろう」と、阿吽《あうん》の呼吸など期待せずに、不満は言葉にして、その都度誤解しないようにしていくことです。

そうでないと、小さな不満が積もり積もって、ある日突然爆発する恐れがあります。

火山と不満は小出しに揺れるほうが安全なのです。

まるで違う「妻語」と「夫語」

楽しい時間の共有は
お互いに歩み寄ることから

観光シーズンのウイークデーなどに新幹線のグリーン車を占めるのは、大半が定年退職後の夫婦連れです。

列車に乗り込んできたときだけ、指定席を探したり、棚に荷物を載せるために少々会話を交わしますが、いったん席に座ればあとはほとんど互いにしゃべらず、無言のまま過ぎゆく車窓を眺めているだけのご夫婦が多い。

しかもたいていの夫は眺めのいい窓側を占領しています。これでは目的地の温泉についても、名所旧跡を見物しても、ただ物理的に一緒にいるだけで、楽しみを共有していません。お互いに、ひたすら心の中で「サービス、サービス」と唱えて我慢しているのかもしれません。

そこへいくと、熟年女性のグループ旅行は本当に賑やかで楽しそう。列車に乗り込むと、すぐにお菓子の袋を全員に回し、写真を撮り合い、目的地に着いてからの行動をあれこれ検討し、かたときも口を閉じることがないくらいはしゃいでいます。

せめてこの同窓会的ノリのグループ旅行の十分の一ほどでも、夫婦の旅を楽しめないものでしょうか。

あるイラストレーター夫妻は、60歳を過ぎてから夫婦で社交ダンスを始めたそうです。

妻は以前からリュウマチの気があったため腕のリハビリを兼ねて、夫は絵を描く座業で家にこもりがちだから運動不足を解消するためでしたが、ダンスが上達すると踊りを披露する場がほしくなるそうです。ふたりは大型客船で外国に行ったりして旅行とダンスの両方を満喫したそうです。

ダンスのおかげで夫はベルトの穴が減り、妻は旅先で着る洋服が増えているそうです。

時間とお金にゆとりがある年代になっても、お互いに歩み寄って、それぞれの趣味や好奇心を共有しようとしたり、互いに気分よく暮らせるよう思いやったりする気持ちがないと、夫婦共遊びはなかなかむずかしいようです。

互いに気分よく暮らすために大切なものは？

年をとったら男は「学力」より「楽力」

「おじいさんの口はなぜ、への字?」友人のAさんはそう言います。彼女、近ごろ地域にできた高齢者センターの担当になって、いささかバテているからです。元気な男性高齢者が〝役所〟の一員であるAさんにいろいろ注文をつけたり文句を言ったりするのは、これは住民としてよくあることです。

けれども、これまで女性が多い窓口だったAさんにとって、何を言っても表情が変わらず、口を「への字」に結んだ大集団に向かい合うことがなによりの悩みのタネなのでした。まるで「への字」模様の壁紙に向かってものを言っているようだそうです。うなずきも、首をかしげて疑問を呈することもない人に限って、あとで、ああでもないこうでもないと、クレームをつけてくるそうです。

私も講演やシンポジウムで年輩の男性に向かって話すとき、似たような感じを持つことがあります。たいていは、大口あけて笑ってくれる「男の掟」破りみたいな人が何人かいてホッとするのですが、笑ったりうなずいたりすると男の沽券《こけん》にかかわるとばかり、固い表情を保ち続ける人が少なくありません。

少々ひがんで言えば、「何を女が偉そうにくだらないことを言う」と決めてかかっている感じです。Aさんも私もたしかに「くだらない」ことを言っているのかもしれないけれど、「偉そうに」したつもりはありません。男性によっては、女が自分たち社会的経験の豊富な男性の前に立つだけで「偉そうに」という拒否反応を起こす人がいるようですね。

でも、せっかく出かけてきてその場にいるならば、仮にくだらないことでも、どこかで楽しむ側面を見つけないと、自分が損なのではないでしょうか。

妻がいろいろ日常茶飯の雑談を始めると、

「結局、お前は、何を言いたいのか？」

「グダグダ言ってないで、結論を言え、結論を！」
「どうも言うことがはっきりしない。紙に箇条書きにしてみなさい！」
などと言う夫がいるそうです。こういう男たちも、会話のプロセス、無駄話の楽しさを知らないからです。同じくガクリョクと発音するなら、学力と同じくらい大切なのは「楽力」のほうです。学力があっても、物事を多面的に楽しむ力、楽力のない人は自分も楽しくないし、他人を不愉快にさせるばかり。

さまざまなことを「くだらない」と切り捨てずに、楽しむ能力という意味でなら「楽力偏差値」はやはり高いほうがいいに決まっています。

笑顔に優るものなし。

男は笑顔がいちばん！

介護ができる男の条件

ところで、夫婦間介護の中には、妻が夫の介護を受けているという場合もあり、介護の疲れから夫が妻と無理心中などという暗い事件を耳にすることもあります。若いころから家事を手伝ったこともない男性が、年をとって自分のこともままならなくなってからの介護は、さぞかしこたえることでしょう。

命にも関わるこの深刻な問題を、どうしたらいいか。

介護ができる男性の条件とはどんなものか。

介護で困ったこととして、男性が挙げる第一は「食事の世話」でした。これからの自立を目指す男性の必須科目は、「食事作り」と「食事介助」でしょう。

逆に、上手くいっているのは「移動・入浴などの力仕事」です。老人介護には体力がいるから、こうした面では一般に男性のほうが適性があります。「几帳面で介護記録をつけている」とか「積極的によりよい方法を研究し、取り入れる」というのも、男性に多く見られる特徴で、訪問看護指導者から介護の知識を得る、介護教室に通った、などの熱心な例もあります。

こうしたかいがいしい夫は、私が出会った経験では、長年手仕事をしてきた男性に多かったですね。昔から手仕事をする人は、生活者として自立していたのです。

老親介護をめぐっては「介護単身赴任」で実質的には介護別居や、独立した子供たちの家族による「遠距離通勤介護シフト」などの例もあります。

介護に出向く女性が大変なのは当然ですが、家族もまた何らかの犠牲を強いられている。

嫁でありながら姑、娘であると同時に祖母でもある長寿の国で、今後も引き続き在宅で高齢者を介護するには、外からの支えが絶対的に必要です。「共倒れ」「だるま落とし」を防ぐ活路はただひとつ、血縁以外の地域ネットワークを張りめぐらせて、家族だけで我慢しないことです。

夫婦関係も親子関係も60年以上の長い時間を円満に保つために、日頃馴染んだ近くの他人とお互いに力になりあえるヨコ社会の人間関係を作ることが大切になります。

介護に男も女もなし。介護上手は相談上手

遠くの血縁より 近くの他人「老《ロ》ーズネット」

かつてシンガーソングライターのさだまさしさんは「関白宣言」で「俺より先に死んではいけない」と歌いましたが、夫婦して80代以上ともなれば、死よりも介護による共倒れのほうが怖くなります。

そうならないためには血縁以外の地域ネットワークを張りめぐらせて、ヨコ社会で連帯するしかないと申し上げました。老人は同世代の老人同士でネットワークを作ろう、それが「老ーズネット（ローズネット）」です。

もちろん介護のすべてをこのネットワークにだけ頼るわけにはいきませんが、急の入院などというとき、このローズネットの有無は大きくモノを言う。とにかく、病院に同行してくれる人がいるといないでは大違いなのです。

あるインタビューで「私は〝人貧乏〟だけはしなかった」と自慢していた方がいました。人望が厚いということは、「愛される年寄り」「かわいいおばあさん」とは違う。しっかりした自分の考え方と行動力を周囲に認められ、必要とされる人材であることの証《あかし》だと思います。

自分でしたいことの目標を持ち、いざというとき周囲の人の協力が得られ、自信を持って生きる老人になるにはどうしたらいいのか。

地域社会で活躍している人を見ると、「一芸に秀でた老人」が多いですね。植木職人や大工だったという手に職を持つ人、お花や書道など習いごとの免状を持っている人などが、積極的に老人ホームでボランティアをしたり、仲間を募って講習会を開いたりして、楽しみながら地域のために役立っています。

自分が他人様のお役に立てているとなれば、家に引きこもっていつも夫婦だけで息が詰まりそうということもないでしょう。

血は水よりも濃し、といってかつての日本の家族制度では一族郎党のなかに同居の親族や手伝いの女性など「身内の女」がたくさんいました。人が亡くなったり、急病人が出たり、火事や災害などの緊急時には、その家の事情を知った「身内の女」が諸事万端を取り仕切っていたものです。

しかし、現在はどこの家も「女」は主婦ひとりがほとんど。いくら血縁の不幸とはいえ、家庭を放り出して助っ人に出向くわけにはいかないでしょう。老人介護も住み慣れた地域のサポートがなければ、血縁だけでは支えきれなくなっているのです。

長年ひとり暮らしだった友人が入院しました。お子さんもきょうだいもいる方ですが、遠く離れて住んでいるようで、ローズネット的な近くの友人関係にどれだけ助けられたかわからないと言います。

鍵を預けて必要な物を取り出してもらえるような人間関係のネットワークを作っておくこと。最終的には家族の出番が必要だとしても、そこに到るまでのつなぎにどれだけ「近くの他人」の助けが必要なことか。

その「つなぎ」があるおかげで、その人らしい暮らしがプツンと切れずにすむのです。

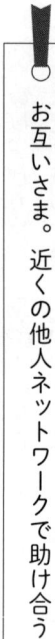

先日、私はひとりでいるとき玄関で転倒。幸いしっかりした隣人のおかげですぐに家族に連絡がつき、大事に到らずにすみました。

お互いさま。近くの他人ネットワークで助け合う

老人ホームの生活に向く人、向かない人

どこに住むかは、要介護になったとき、誰に看てもらうかということと密接な関係があり、国や社会全体の福祉サービスとの相関関係で決まると言ってもいいでしょう。

私たち「高齢社会をよくする女性の会」では、ある時期、中流の人々のひとつの選択として、消費者としての選択能力を高めるため、「有料老人ホーム研究会」をつくって勉強を重ねてきました。自ら入居者となる会員も出て、直接本音のアドバイスも聞きました。

何しろ人生最後で最大のショッピングだから失敗は許されません。最初のころ

は、どんぶり勘定の未成熟な業界でいろいろ問題もありましたが、消費者意識の高まりとともに、情報公開や苦情処理機構など、透明性、信頼性の高い業界にこれからも成長してほしいものです。

とくに夫よりも生き残る確率の高い女性にとっては、仲良し同士で住むといっても手順も維持も大変だし、人によって老化のスピードも違います。信頼に足る有料老人ホームは、終の住《す》み処《か》の有力な選択肢です。

有料老人ホームのタイプもさまざまなのでいちがいには言えませんが、転居するタイミングが難しい。元気なうちはまだまだと思うし、気力がなくなると引っ越しもままならない。入居する「適齢期」と「適性」の問題があると思います。

「適性」について言えば、入居者、ホーム側双方の人に聞いたところ、「周りに細かく気をつかう人」でも「協調性のある人」でもなく、「余分な気をつかわずマイペースの人」「ひとりで楽しめる人」という答えが返ってきました。

「ひとり」であると同時に「みんな」で生きているというバランス感覚は、有料老人ホームに入る入らないに関係なく必要なことだということなのですね。

夫婦で入居している妻の中には、いまだ夫の過去の栄光を鼻にかけている場合もあるらしく、夫自慢の次には、家柄自慢、息子・娘の社会的地位自慢、さらに孫自慢へとエスカレートしやすいそうです。

人は自分にかかわる何かを誇りにしなければ生きることは難しいと思いますが、あまり夫の過去の栄光に頼っていると、夫と死別したときに、もろくも崩れてしまいます。どうせ自慢するなら、夫や子供のことではなく、自分に関することのほうが、夫が死んでもショックは少なくすむのではないでしょうか。

集団生活なのだから、一定のルールは守りつつ他人の言動に左右されない。無関心を装って「私は私」とマイペースで生きることが求められるようです。

時には無関心のフリも

老人よ、サイフを抱け

生きている限り、暮らしていれば、衣食住、付き合いや行動することすべてにお金がかかります。だから60代でも70代でも、元気なうちは頭と身体を動かして少しでも仕事をすることです。

年金や貯蓄があったとしても、自分自身の働きで得るお金というのは、また格別なものです。私の友人の母上は、90代で亡くなられる寸前まで書の腕前を生かし、企業の封書書きの仕事をなさっていました。

アメリカでは、お金を稼ぐ力量がその人の地位や能力を測る基準のひとつになっています。稼いだお金をどう使うのか、その人の人格はお金の使い方で問われるのです。

働く喜びを知ってこそ、ボランティアや寄付が生きてきます。ボランティアは人のためにではなく、自分の喜びのためにするものですから。

高齢者にそれほど高額を支払ってくれる仕事はないかもしれないけれど、じっと家にいて預金の目減りにクヨクヨするよりは刺激があるはずです。

何も資格がなくたって、自分にできることをすればいいのです。主婦だったら、留守番とか掃除、犬や猫の世話ぐらいはできるでしょう。人間、得手不得手があって当たり前。高齢者同士で苦手な部分を補いあってもいいではないですか。

年金を貰って趣味三昧もいい。けれども、少しでもいいから仕事をしながら趣味を楽しめれば、もっといい。そうして得たお金を貯めて好きな芝居や音楽会に行くのに使うというような気ままな暮らしが私は理想です。それも、これからは少額でも税金を支払う賃金の仕事がよい。

とにかく身体が丈夫なうちはなにがしかの労働をして、お金を稼ぐこと。そして自分のお金は自分のサイフに入れて自分の判断で使うということが大事です。

「地獄の沙汰も金次第」です。

ある90歳の男性は中央官庁で要職にあったため、高額の年金を受けており、都内の一等地に家屋敷もあるそうです。

妻と50代の娘は彼の年金収入のもと奥様、お嬢様生活を続けることができるのだから、病気でもしようものなら、まさにかしずかんばかりに介護に努めるとのこと。本人が亡くなると遺族年金はガクンと減ってしまうので、ふたりの女性は不動産を処分しなければ老後の不安で暮らしていけなくなるからです。

ある80代の資産家の女性の場合、ひとり暮らしですが、大勢の親戚がいて、病気で入院しても入れ替わり立ち替わり、手厚く面倒をみてもらっていました。

ところが甥のひとりを相続人に指定したことがわかったとたん、手のひらを返すように親戚一同から冷たくあしらわれたといいます。肝心の甥も最初こそ喜んでやってきましたが、2年もするとだんだん顔を見せなくなってしまったというのです。

2つの例は、サイフを持つ老人は大事にされるという教訓です。たとえサイフの紐は握っていても、相続人を指定すると、その人は相続人になったとたん、自分の権利の上にあぐらをかいてしまう。それが人間というものなのでしょう。だから、いよいよというときまで、誰を相続人に指定するかを決めないほうがいい。

問題は、その時期をどう見きわめるかです。特に体力・気力が衰えているときなど、金銭の管理がわずらわしくなる。お金を持っている快適さよりも、ややこしい収支計算や支払い、手続きなどから逃れたくなるものです。身も心も保護される快さと引き替えたい誘惑にかられることもあるでしょう。

この誘惑に負けて失敗した例として、シェイクスピアのリア王がいます。彼は80歳で自ら王座を捨てました。自らの引き際を心得た立派な行動でした。

ここまではいい。だが彼は権利だけでなく財産まで娘に与える愚を犯しました。しかも3人の娘のうち、お世辞の上手な長女と二女に国土を二分し、末娘には何も与えなかったのです。

彼は財産を手放したうえに、与えるべき人物の判断を誤るという二重の失敗を重ねました。あとはご存じの通り、ふたりの娘にたらい回しにされました。

自分が老いても生活していく費用のことを考えなかったこと。

娘はきっと優しくしてくれると甘く考えていたこと。

シェイクスピアは約４００年前に、老人への教訓を書いたのです。

リア王の愚挙は、人類への一種の文化遺産として受け止める必要があります。

少年よ、大志を抱け。

老年よ、サイフを抱け！

自由に使える生活用のお金はしっかり確保

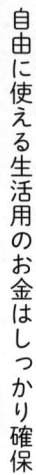

孤独に耐える力

人間は最終的には死によって身を引き、後輩に道を譲るべき立場にあります。とはいえ、生ある間は今も昔も現役にしがみついて引き際を心得る者は少ない。だから吉田兼好の名エッセイ『徒然草』にも隠居の美学が縷々《るる》書かれているのでしょう。

『徒然草』には「命長ければ辱《はぢ》多し。長くとも四十《よそぢ》に足らぬほどにて死なむこそ、めやすかるべけれ」とか、ある人の言葉を借りて、「五十歳までに上手の域に達しない芸なら、捨ててしまうがよい」などと警告しています。

兼好から見れば、現代日本の政財界における老人パワーなど最も醜い姿でしょうし、各地のカルチャーセンターに通ったり、趣味の稽古ごとを続ける中高年女性もくだらないと一喝《いっかつ》すべき存在かもしれません。「五十の手習い」を完全に否定しているのですから。

どうやら兼好好みの老人とは、世俗に超然として、人心の交わりを絶つ世捨て人らしいですが、今どきそんなことを言ってはいられません。人との交わりを絶てば脳の劣化が早くなるだけの話だからです。人間関係の消失がどんなに生きる意欲を失わせるか、コロナ禍が教えてくれました。

しかし、『徒然草』のいくつかの教訓には、もっともだと思われる一説もあります。そのひとつは、老いに向かって無為と孤独に耐える力を学ぶべきだということ。老いてくれば誰でも最後はひとりになるということです。

夫婦は長生きしたほうが相手に先立たれることになるし、かわいいわが子の多くは新しい家族を作る。たとえどんなに心優しい息子・娘であっても、やがては自分たちで築いた新しい家族のほうに関心が移り、老人の存在はときに重荷に感じられる。義理の仲ならば、なおさらです。

長生きすればするほど、先に亡くなる友も多くなるばかり。また、悲しいことですが、逆縁で子供に先立たれるということもあります。多分、老いの日常に必要なのは、こうした孤独に耐える能力なのでしょう。

また、老後の楽しみなどといっていても、身体機能が衰えてくれば思い通りにはいかず、時間ができたらやろうと計画していた読書や旅行もできなくなります。

老いとは「無為」に耐え、それを楽しむ境地に達することなのかもしれません。

ところで、兼好は『徒然草』を中断をはさんで長期間にわたって書いたため、「老い」に関する解釈が年齢とともに変化している点にも注目したいと思います。

最初に引用した威勢のよい発言は、彼がまだ30代のころの執筆です。だから、「ああいう老人にはなりたくない」と自戒を込めて舌鋒《ぜっぽう》鋭く書けたのでしょう。

50代近くになった兼好は、老人は「心おのづからしづかなれば、無益《むやく》のわざをなさず……人のわずらひなからむことを思ふ」と老人に甘くなっているのが面白い。

人間はそのときどきの立場によって、勝手なことを言うものです。

兼好も世捨て人を理想とし、出家して俗世の未練は捨てたかもしれないけれど、当時としては老境の域になっても、自分自身を捨て去って水のごとき静かな心境に達することはできなかったのでしょう。

こうして『徒然草』を書き続けながら自己主張しているということは、まだまだ一切を諦めていない証拠でもあります。

年をとるにつれて人の気持ちも変化する

■老いの知恵袋 3

子供との同居は案外、気兼ねが多いもの

日本人にとって、かつて「家」意識は、個人をその中に埋没させてしまう力を持っていました。家族が一緒に住んでさえいれば、その中の個人がどんな立場にいようとも、良いことと結構なことと思い込んでしまいがちだったからです。

たとえば「在宅老人介護」の「在宅」。子供と一緒に住んでさえいれば、それは年をとっても「自分の家で一生過ごせるのだからいいこと」となってしまいます。

たしかに老人が、住み慣れた自分の家でずっと過ごせるのはよいことでしょう。しかし、「在宅老人」というとき、必ずしもそういう老人ばかりではありません。体が不自由になって、今までの家に老人だけで住んでいられなくなり、見知らぬ土地の「子供の家」に引き取られた人もたくさん含まれています。まだ住み慣れ

た家でひとり暮らしを続けたい、というのに子供のほうが心配して、あるいは世間体を気にして、子供の家へ呼び寄せる場合も少なくないでしょう。

ある女性は、地域の名門のひとりとして近所の人に大切にされながらひとり暮らしをしていました。しかし85歳になったとき、都会に住む長男に強くすすめられ、立派な離れを新築してもらって故郷を離れたのです。

彼女はこう言いました。

「ここではご飯仕度から掃除まで何から何まで申し訳ないくらいよくしてもらっている。けれど、頂き物のおすそ分けやおかずを持ってきて話し込んでいく近所の人もいなければ、畑仕事をする場所もない。それに自分の台所ではないので、料理をするにもお嫁さんへの気兼ねがあって……」

在宅老人といっても、この女性の場合、いわば「在・子宅」であって、本当の「在・自宅」は郷里の家だったのです。

第4章

おひとりシニアの元気になるコミュニケーション術

おひとりシニアが人間関係を上手に保つ4つの方法

この章では人生100年時代、老いに向かっての人間関係づくりについて考えてみたいと思います。

まずは必要と思われることを4つにまとめてみました。

80代後半の人も、今からでも遅くありません。よい人間関係をつくり、結果として孤立死にならないことを祈ります。

①過去は問わない。現在が大切

男性は過去にこだわります。定年後の名刺にも「元〇〇会社（もちろん大企業）部長」と書いてあったりします。それに比べて女性は名刺なしで付き合ってきた歴史が長いので、今この時間を共有しているという事実から人間関係を広げることができます。過去の栄光にこだわらず、今を大切に毎日を生きることです。

②気軽にあいさつし、おしゃべりを楽しむ

ほとんどの女性はゴミ出しで人に会っても「こんにちは」などのあいさつを気軽にします。ある団地の孤独死ゼロ作戦は、「隣近所にあいさつをしましょう」から始まります。常識的すぎると思われるかもしれませんが、その積み重ねが功を奏するのです。

③着ているものなどをほめ合う

買ったもの、着ているもの、趣味などをほめ合ったりする話題が多いのは女性です。

ノルウェーの元首相であり、その後、ＷＨＯの事務局長を務められたグロ・ハーレム・ブルントラントさんが２０１１年秋に来日したときのことです。女性と健康をテーマにしたシンポジウムで基調講演をされ、私もパネリストとして参加しました。その後のレセプションでブルントラントさんと会話を交わすうちに、どちらからともなく、

「そのブローチすてき」

「あなたのスカーフはいい」

などとほめ合うのを、そばで見ていた人たちが楽しくなって笑い出す一幕がありました。

相手はノルウェー元首相で元ＷＨＯ事務局長の女性。私はそんな世界的に影響力のある立場ではありませんが、その日は日本側を代表するパネリストでした。

男同士で「あなたのネクタイすてきですね」「そのタイピンいいよ」と立ち話するでしょうか。女同士というのはそれができる。そこから会話が広がるのです。

女って楽しいな、と強く印象に残りました。

④ダメでもともと、女のチャレンジ

女性は習いごとが好き、教わることが好き。仲間がいればなおヤル気が出る。超高齢期の生き方として得がたい美質です。

男性にも近ごろ習いごとや講座に通う人が増えました。時間に余裕ができても「習いごとやカルチャー講座なんか行けるかよ」という男性が多かったのですが、このごろの男性は、てらいなく通う人が増えてきていいことだと思います。大学の社会人入学にも男性が増えてきました。そうはいっても、「学んでみよう」というチャレンジ精神は女性のほうが強くもっていると思います。

日頃のさり気ない声かけに優るものなし

まさかのときは
やっぱり女同士のつながりが役に立つ

「まさかのときは身内の女」とよく言われます。身内に病人や要介護の人が出たり、生き死にの問題が起こったときなど、女性の力ほど頼りになるものはありません。

大災害に出合うと男のほうがなかなか動けなかったりしても、逆に女性の場合は、いわゆる「火事場の馬鹿力」を発揮してタンスを持ち上げる人までいます。

女性は、ご近所はじめ「助け合いのネットワーク」をもっていることが多く、ひとこと「助けてえー（ヘルプ・ミー）」と言えば、仲間が飛んできてくれます。

もちろん地域性によるし、それまでに築き上げてきた人間関係の有無によります。

2年前に、要介護5の夫88歳を、自宅で3カ月間看取り終えたFさん86歳は、下町の人情細やかな地域の住民です。

「近所の方が手伝ってくださって、私は夫の介護はしたけれど、買い物やお料理、自分のための家事はほとんどしなくてすみました」

私の身近な例もあります。

ある時期、国家公務員官舎でいっしょに子育てをした同世代の女性たち。今はそれぞれ持ち家で都内に住んでいます。不幸にして夫に先立たれて、一人息子は遠い地方勤務。そこへ本人ががんで倒れた……というとき、当時の官舎仲間が交替で何度かの入院に付き添いました。

子育ての手を離れた60歳前後という年齢も幸いしたかもしれません。ケアする側もされる側も一定の所得があり、必要経費はきちんと支払ってもらう、という話し合いをしっかり決めたのもよかったでしょう。親類が少ない中、おかげでせっかく希望の職を得た一人息子を、介護離職させずにすみました。

こうした女性たちの友情ネットワークは表面に出ませんし、GDP（国内総生産）にもGNI（国民総所得）にも換算されません。専業主婦が多い集団だからできたという面も大きいでしょう。でもかつて、私が大病で倒れたとき交替で来てくれたのは、ほとんど自分の仕事をもつ女性たちでした。
「ちょっとの時間」をそれぞれが出し合ってくれたのです。

こうした力は大介護時代を支える大きな社会基盤でもあります。何も政府や社会のためにいっているのではありません。こういう人間関係があれば、私たち一人ひとりがどんなに安心か、快く生きられるか、ということです。

ちょっとの手助け、ちょっとの時間を出し合って

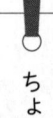

「親友」より「お仲間」の多いほうがいい

どういうわけか、私よりはるかに若い女性でも、「女に友情は育たない」「女はすぐに気が変わってアテにならない」と信じ込んでいる人がいます。

定年後の60代以上の男女を見ると、明らかに女性のほうが友達が多い。女に友情は育たない、というのはまっ赤なウソで、女が家制度に縛りつけられた時代の幻影だと思います。

だから一方で、友人がいない女性の悩みはまたひとしおのようです。私自身、新聞の人生相談の回答者として、「職場でも近所でも友人ができない」というお悩みを受け取ったことがあります。私は、友人ができないことは、恥でも何でもない、それに「友人」というのはかなり主観的なもので、心のうちすべてを打ち明けあうような親友はめったにいない。一生巡り合えない人もいる、とお答えしました。

自分で言うのも何ですが、私は周囲から人間関係が豊かな人と言われるのですが、改めて「親友は何人？」と問われると即答できません。どこまでを親友と呼ぶか、定義が難しいし、また、その数はけっして多くありません。

長い人生、時々刻々変化する環境の中で新しい出会いがあり、友人と呼ぶ相手も変わっていきます。だから何もかも打ち明けあう「親友」を求めるよりも、いっしょに何かする「お仲間」があればよいのだと思います。

若いころは、わが身の生い立ちから今の悩みまで、すべてを打ち明けあうのが親友だと思っていましたが、中年を超えるころにやっと気づきました。自分の悩みの何もかもを他者と共有してもらおうとするのは一種の甘えだ、と。

以来、他者に求めるところが少なくなり、それでいて「困ったときは助け合う」仲間が増えたようです。

そして、他者を恨んだり怒ったりする場面が少なくなりました。悔しくて、もうひとこと浴びせようというとき、口に出さず、大げさにいうと恨みつらみは自分で墓場までもっていこうと思うようになりました。

もう20年ほど前になりますが、当時、飛ぶ鳥落とす勢いの、2期目に挑む石原慎太郎東京都知事の対抗馬として立候補しました。当時も今思い返しても、まことに無謀な挑戦ではありましたが、選挙戦数日前の決意だというのに約82万票をいただきました。その中心でボランティアとして選挙運動を担ったのは、どこかで活動や経験や思いを共有した仲間たちでした。

ですから、友達でも仲間でもいいのですけれど、こうした親しい人間関係ができるのはけっして「若い学生時代」だけではないと自信をもって言えます。

「親友だったら何でも話せる」というのは幻想

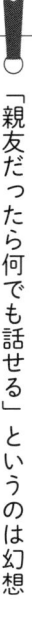

コミュニケーションは相手の話を聞くことから始まる

人間関係はなぜ大切か。それは人間関係によって人は社会を形成し、他者とのコミュニケーションが生まれるからです。よく、人間にとって食欲と性欲は本能的な欲求といわれますが、私はコミュニケーション欲求も、食欲などと並べてもさしつかえない、人間の基本的な欲求だと思います。

その欲求を満たす人間関係の作り方に上手下手があるのは確か。しかし、正解はひとつではありません。愛嬌があればそれでいい、というものでもないし、気をつかいすぎる人が相手をも気疲れさせてしまって敬遠される場合があります。さりとて、まったく気をつかわず傍若無人の態度を取ったら嫌われるだけです。

「口下手で友達ができない」というご相談を受けたことがあります。

会話がはずんでコミュニケーションの輪ができる。その中心人物になれる人もいれば、なかなか口をはさめない人もいます。しかし、無口で口下手な人は人間関係が下手で、いつも損をする……なんてことはけっしてありません。

セールスウーマンで成功する人はけっして話上手で多弁ではなく、まじめで口数が少ない人が多い、というリポートを読んだことがあります。

そういえば、私の中学の同級生で、中年のころ大手生命保険会社のトップセールスレディとしてマスコミに登場した人がいます。無口で堅すぎるほどまじめで、何より誠実な努力家でした。こういう人が成功したと聞くと、世の中、見る人はちゃんと見ているものだと感心し、少し安心します。

ですから、人間関係の基本は「聞き上手」だと思います。そのトップセールスレディも、ぺらぺらと宣伝文句をしゃべる前に、じっくりとお客さまの話を聞いて対応して信頼関係を得たのでしょう。

「聞き上手」の次は、するべきことをきちんとして「信頼を得る」ことでしょう。無理な注文には応じない。できないことははっきりと断る。しかし、その集団にいる限り、一定の役割は責任をもって果たす。

信頼は人間関係の基本です。集団の活動の中では、できるときに小さくても何かの役割を果たして、人々の信頼を得る必要があります。

私も長く生きてきたおかげで、老若男女を問わずすばらしい多くの方々とお付き合いさせていただきました。これはあの世へ持っていける固有の財産だと思います。と同時に、長く生きるということは、はっきり言ってずいぶんヘンな人にも出会っています。しかし、初老の時期を迎えてからは、親しいがゆえの口ゲンカを除いて、あまりトラブルを起こさないようになりました。

聞き上手を心がけつつ、できないことは正直に言おう

相談することで身につく4つの効用

自分のことは自分しか本当のところはわからないし、最後に決めるのは自分ではありますが、相談することには4つの効用があると私は思います。

●効用1／相談することによって、自分の立場や問題点を整理できる。

話したり書いたりしているうちに自分で無意識に答えを見つけ解決が見えてくることがあります。自分を客観視する力というか、相談力が身につきます。

●効用2／別な考え方もあることに気づく。

自分でもう答えを出していたとしても、第三者の言葉を聞いて、そういう考え方もあるのか、そんなに思いつめなくてもよいのか、と気がラクになります。

「いろいろあらァな」という言葉が昔はやりました。いささか諦めの境地の言葉ですが、私は大好きです。

●効用３／今の世の中と自分の悩みとの関連を知り、自分だけの問題ではないとわかる。世の中の流れを理解すれば、自分だけの特別の不幸ではないと知って気がラクになります。周囲の人に対するまなざしが変わってきます。そして、

●効用４／新しい情報が得られる。

新しい法律制度、社会サービス、終活などに関する動きなど、老いの人生に必要な知識、情報を取り入れられる機会が増えます。あふれる情報に振り回されないよう注意しながら、人生１００年時代、常に情報の積み増し、常識の入れ替えは必要です。

老いの生活に必要な知識と情報のアンテナ磨きは忘れずに

周りのウワサ話や悪口は馬耳東風で聞き流す

周囲の目やウワサを気にして、やりたいことを我慢することほど、つまらないことはありません。

もう大分前のことですが、あるプロジェクトで、北陸の海辺に住む60代の女性に会いました。彼女は、「夫が死んでから私の人生が始まりました」と言うのです。ずっと夫を第一に考え、自分の行きたい場所にも行かないような古風な生活をしてきた女性でした。

その人が、夫の一周忌が終わらないうちに、いろんなことを始めたのです。

もともとスポーツウーマンだったらしく、本格的に海釣りも始めた。海釣りは、いかに魚群のいるあたりに糸を投げ入れるかが大事だというので、その練習をするのだそうです。庭のブロック塀にいくつか印をつけて、毎夜、そのひとつに100回当てる訓練をしたと言います。何カ月も夢中でやっているうちに、夫の死からも立ち直り、すっかり元気になったそうです。

自分のやりたいことに次々に挑戦する彼女の姿は、狭い地域できっとウワサになったことでしょう。

「ウワサや人の目が気になりませんでしたか？」

率直に聞いてみました。

「あの人がこんなことを言っていたよ、なんて耳打ちをする人はいましたけれども、直接言われたこと以外に対しては、動じないことにしています」

という答えでした。

「もし、直接言われたら、私には返す言葉があります。でも、又聞きであるなら、間違って伝わることがありますから、

『ああ、そうですか』

と言うだけです。もし信念をもって何か言ってくる人がいたら、私も信念をもってお答えします。悪口というのは直接言われない限り、ないのと同じです」

立派だと思いました。

それ以来、私も悪口や陰口に対しては彼女を見習っています。

直接言われない限り、悪口はないも同じ

高齢者の恋愛に必要なマナーとルール

人生100年時代を迎え、高齢者の恋愛に対する私の考え方を、この本の中できちんと書いておこうと思います。

私はたとえ何歳になろうと、異性を愛することはできると思うし、恋に年齢制限はない、と思っています。ただし、若いころと違うのは、そこに厳然たる男と女の〝数〟の違いという問題があることです。

ご存じのように男女の平均寿命は異なっています。そのために年を重ねれば重ねるほど同世代の男女の人数の比率が違ってくるのです。65歳以上全体で、女と男の数は100対77。ところが80歳になると、女100対男57で、同級生でいえば女性が100人いるなら男性は57人しか生き残っていないのです（2020／

2022年総務省）。そこにもってきて、今のシニア世代までは年上の夫と結婚した例が多いという事実もあります。

というわけで、65歳以上で夫が生きている女性に比べて、妻のいる男性はとても多いのです。

私自身は結婚生活というものを好ましく思っています。

だからこそ、最初の夫に死なれても、涙が乾いた頃、また別の人と一緒に暮らし始め、事実婚で30年の歳月を共にしました。その彼も70歳で亡くなり、私が67歳のとき再びシングルとなりました。

そのときに、好きな異性がそばにいるという暮らしというのは、とても楽しいですけれど、三度目の結婚はもうしない覚悟をもちました。それは、老い先が短いということだけでなく、当時でも、今あげたような厳然たる数の問題があるからできない、と思ったからです。

もし私たち高齢女性が同年代と恋愛をすると、相手はかなりの割合で妻持ちの男性になってしまいます。この競争に勝ち抜く自信が私にはありませんでした。

そして、人生の末期になって、夫を盗った盗られたという大騒ぎを起こすことは、どうも好ましくない。

新聞の人生相談などで、人生の終わりが近づくころに夫に浮気をされた妻たちの、もの狂おしいほどの悲しみに遭遇すると、やはりこの年齢になっての三角関係はやめたほうがいいなと、たたかわずして引き下がったという感じです。

たとえば自分が妻の立場にいて、人生最期の病床にあるとき、夫の不倫を知ってしまったら。または、夫が倒れて、その身の回りのものを整理している際に、動かぬ不倫の証拠が出てきたら……。50年、60年連れ添った果てに裏切られた妻の思いというのは、どれほどのものでしょうか。

以上が私の基本的なスタンスです。

ですが、ある異性に出会って、好きになってしまい、交際を始めたけれど、実は相手に配偶者がいたというケースもあると思います。

この場合は「秘すれば花」を貫くべきではないでしょうか。

恋人がいるとうれしくて、みんなに言いふらしたくなるのは、20代も70代、80代も同じ。

しかし、「秘すれば花」と心得て、絶対に人にはもらさず、もちろん相手の配偶者にも知られないように付き合う。これが年をとってからの恋の最低限のマナーだと思っています。

それから、子供は親の交際を知ると、「だまされているのでは?」とお金のことを心配します。しかし、自分のお小遣いや生活費の範囲内で、自分がそうしたいと思うのなら、恋人にご馳走したりプレゼントを買ってあげたりしても別にかまわないのでは。

もし借金を申し込まれた場合は、あなた次第です。

「本当に困っているようなので、生活費の〝範囲内〟から出せる額なら渡して助けたい」と思ったときは、貸すのではなく、最初からお金をあげてしまうぐらいの覚悟が必要でしょう。

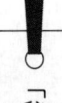

「秘すれば花」を貫けますか？

第5章

その年齢《とし》になってみないとわからないこと

かわいいおばあちゃんは真っ平ごめん

老人介護を担当する人たちの苦労話をうかがったときのことです。話がひとしきり終わると、こんなせりふが出てくることがあります。

「世話される老人の人柄にも問題がありますね。思わず手を差し出したくなるようなかわいいお年寄りもいれば、あんまり顔を見たくもない老人もいる。私たちも、かわいい年寄りになるよう努力しましょう」

中高年の女性たちの理想像は、もしかしたら「かわいいおばあちゃん」と呼ばれることではないか、と思うくらい、この言葉は「おばあちゃん」予備軍の人気ものです。

でも、世の中に突っぱる人はどの年代でも少数派ながら存在し、「かわいいおばあちゃんなんて、真っ平ごめん。それくらいなら意地悪バアサンでいく」と眉を上げて言う女性たちもいる。

私もその少数派のひとりで、実は内心「かわいいおばあちゃん」になど、いくら努力してもなれそうにないので、早々とオリてしまいました。

これはもう天性というべきもので、私は幼いころから「かわいい女の子」と呼ばれたことは一度もなく、いつも「かわいげのない女の子」でした。

同窓会に出たときにも、小学生時代の同級生の男性に、「子供のころからこわかった。思えばあれが、女をこわいと意識した始まり」と言われて苦笑するよりほかはありませんでした。

成人して仕事についてからは、まあ今のように、世の中のこと、その世の中を支配してきたある種の男性について、憎まれ口を叩き続けています。そういう女が老いたからといって、急に「かわいい年寄り」になどなれるはずもありません。

でも私が「かわいいおばあちゃん」に疑問を持つのは、なにも自分が絶望的だから、という不純な理由からばかりではありません。「かわいいおばあちゃん」というあり方をそう簡単に肯定していいものかどうか、本気で疑問をもっているからです。

その理由の第一は、このせりふがしばしば老人介護をする専門職——看護師さんや寮母さん、ヘルパーさんからも発せられていたことです。

看護や介護の専門職が「専門職」である理由は、それこそ資格制度に直結する専門知識や技術・技能から始まって、数え切れないほどのことが挙げられるでしょう。私はそれに加えて「サービスする相手にできるだけ公平に、少なくとも質の高さでは平等のサービスを提供する」ことにあると思っています。

えこひいきの強い教師が親からも子供からも嫌われるのは、この点で専門職たる資格に欠けるからです。教師も保育者も、子供によって相性の良し悪しがあるでしょう。それを表面に表さず、たとえ思わず知らず表に出たとしても、それを最小限にとどめるのがプロのプロたるゆえんです。

介護職も医療職も同じこと。給料をもらって介護サービスにあたる人が、「かわいい年寄り」だとよいサービスをする、ということがもしもあるとしたら、それはプロとして恥じなければならないことです。

逆に世話を受ける立場は、いつも世話を与える側にとって「かわいい」存在でなければいけないのでしょうか。

だとすると一生何らかの障害を持ち、他人の支えを借りなければ生きられない重度の障害者は、その生涯を通して「かわいい」存在であるように努めなければならないことになります。これもまたおかしな話で、人は「かわいい」からではなくて、その「必要」があるから、他人の世話を受けて当然なのではないでしょうか。

もうひとつ重要なことは、何をもって「かわいい」というか。その中身の問題です。「かわいい」というのはプラスイメージの言葉には違いありませんが、高齢者へのプラスイメージの形容詞といったら、ほかにもっともっとふさわしい言葉があるはず。

「立派な」「品のよい」「落ち着いた」「堂々とした」――なんでもいいはずなのに、ここではなぜか子供にもっともふさわしい「かわいい」という言葉が選ばれています。

従順で扱いやすい。決して権利を主張しない、己《おのれ》を殺した老人像が求められているのではないでしょうか。だとしたら「かわいいお年寄り」が理想となる世の中は、あんまりいい世の中ではなさそうです。

かわいい年寄りじゃなくったって、それも私

ひとりでは生きられない日が必ずやってくる

あるとき、女性の医師ばかり4人の話を聞く機会がありました。1人は精神科、3人は内科、みんな経験20年から30年というベテラン揃いで、老人の医療を専門としています。

興味深い話がたくさんありましたが、4人とも揃って指摘したのは、「人は必ず年をとる」ということで、生命の限界は必ずくる、ということでした。

当たり前の話ですが、私たちは何とか老いのもたらすさまざまな肉体的・精神的衰退に抗《あらが》って、いつまでも元気であるように願い、さまざまな健康法や摂生にこれ努めています。もちろん死が避けがたいことはよく知っているので、死なないように願っているのではありません。死ぬ前にあまりブザマな老い方はさらしたくない、元気に老いてポックリ死にたい、と願っているだけです。

ドクターたちは口を揃えて言います。

「どんな健康法をしようと、老いには勝てません」

「必ず、やっているつもりでも十分できていないことが出てきます。もうちょっと若かったら、気がつくはずのことを見落とします。視覚、嗅覚、聴覚、みんな鈍くなってきます」

かつて老女役の名優として長いこと活躍し続けた浦辺粂子《くめ》さんの焼死は、痛ましい事件として今も忘れられません。

「うちの病院には、天ぷらを揚げていて、わが家だけでなく両隣を全焼させてしまった老婦人が入院していました。ショックでわが家が焼けてなくなったことがわからず、うちへ帰る、帰る、とおっしゃるのでなだめるのに大変でした」

ひとり暮らしの老女は、天ぷらが自慢料理だったといいます。その日もいつものように天ぷらを揚げた。そして天ぷらを皿に盛って近所に届けた。ついうっかり、火を消し忘れたのでしょう。あるいは立ち話などせず、すぐ帰ってくるからいい、と思ったのかもしれません。

天ぷらの鍋の火は、ほんのちょっとでも離れるときは止めるのが大原則。玄関のピンポーンが鳴ったとしても、走り出る前に必ずいったん火を止める。しかし、それができなくなる日が、いつかある日、やってくるということなのです。

その当時、私の得意料理も天ぷらでした。だからこの老女の話はひとごとと思えなかったのです。やがて年老いて、ほかにそう自慢できることがなくなったら、ますます天ぷらにこだわるようになるかもしれない。もし、両隣を焼くようなことになったらどうしよう？　そのとき、本当にそう思ったのでした。

火の消し忘れ対策は二重三重に

誰にも必要になる
心を開いて助けを受け入れる覚悟

私はこれまでずっと、年老いてもひとり暮らしで自宅で頑張る人をエライと思ってきました。本人にとっても、住み慣れたわが家は過ごしやすいはずです。女性は家庭持ちだった人も、子供が巣立ち、夫は先立ってひとり暮らしになりやすく、少子世代の高齢化がすすんでいるのでその比率はますます高くなるでしょう。

だから女性は、老いたらひとり暮らしの覚悟を固め、ひとり暮らしのノウハウを身につけ、烈々《れつれつ》たる自立の志を保ち続けなければなるまい。今からそれを決意し、心にはずみをつけておこう。明日はわが身と言いきかせてきました。

しかし、どんなに心を引き締めてかかろうと、いつか自立があやうくなる日がやってくるのです。

烈々たる自立の気迫が大切だと思う気持ちに変わりはありませんが、どうもそれだけでは老いは全うできないようです。いつか、誰か自分以外の人の支えと見守りを必要とする日がやってくるのです。

ちょうど私たち誰もが、生まれて間もない時期にそうでありましたように、人生の終わりにも、ひとりで生きられない日々が待っているのです。

子供のころ、大人があれこれ構ったり指図《さしず》するのを小うるさく思い、無力感を持つことがありました。でも、今に見ていろ、大人になって自由にふるまうぞ、と自らを慰めることができました。

年をとって、自立能力の喪失を自覚するのは、子供時代と違って「今に見ていろ」と言えないからつらいことです。自由に自立して生きた経験がつい昨日まであったからこそ、自分の無力を自覚するのは難しい。

けれども、心を開いて、外部から他人の助けを受け入れることも、老いに向かってどこかで覚悟しておく必要があります。

長い老いの時間を生きるための知恵を持つ

今も忘れられない老老介護の悲劇

私は、1998年に乳ガンの手術を受けました。高齢者入りした66歳のことでした。それは私の連れあいが重篤《じゅうとく》な脳梗塞で倒れて、1年半ぐらいたったときでしたから、そのときはちょっと、たしかにつらかったですね。連れあいの病床へ行って、意思を伝えたくても、彼はまばたきと指1本をどうにか動かすくらいでしか応えられない。

「これから2週間ばかり来られないけれど、心配のない病状だから、必ず生きて帰ってくるから、心配しないで寝ているように」ということを申し聞かせますと、指を上げて「イエス」と彼は応えました。そして私は入院しました。

比較的軽かったものですから、部分切除ですみましたが、私はそこで老老介護の共倒れの現実に直面することになったのです。

その病院で出会ったひとりの女性。私が入院した病院は同じ症例のとても多い病院なので、その1週間のうちに手術を受けた人は何人もいて、私がいちばん年長で、その次が59歳のその方でした。東京近郊の主婦の方だとのことでした。

後から聞いたことも多いのですけれど、その方は、徘徊症状のあるおしゅうとさんの介護をしていたために、だいぶ前から胸にしこりを自覚しながら、受診できなかったんですね。やっぱりガンという病気は、いざ手術までは何度も検査して、通わなくてはなりませんが、そういう時間がまったくとれなかったそうです。

そうしているうちに一昨年の夏におしゅうとさんを見送られて、お通夜の晩に、薄物の喪服の上から、親族にさわってもらうと、

「これは姉さん大変だ、明日葬式がすんだら、すぐ病院に行きなさい」

と言われたそうなのです。

そのときはもう非常に重くなっていて、部分切除どころか、両側のリンパも取

ったのに、転移して、8月に手術して、翌年の2月にはもうこの世の人ではありませんでした。

完全な介護の共倒れです。私は、この方との出会いを生かさなくては、と思いました。今も忘れられません。ちょうど介護保険前夜のころで、私は政府の審議会などで発言する機会がありました。

現代の日本では、このように近代化したたくさんの病院がある中でも、介護に縛られた人は男女を問わずいるのです。特にお嫁さんの立場の人は、結果として無医村にいるのと同じ状況に置かれているということ、そのようなことをこれからも大いに発信して変えていかなくてはいけないと思ったのです。

まだまだ根深い「嫁が介護をすべき」

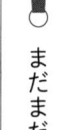

団塊男子が「男介男子」になる時代がやってきた

団塊の世代の方って、いつも自分の老後をどうしようか、なんてことばっかり考えているような気がします。私が団塊の特に男の方に言いたいのは、妻がやっていることを見習ってくださいということ。

奥さんたちは、もうこの何十年、地域の中でいろんなことをやってきているので、妻を水先案内人にして地域の中に出ていって、それで、まず女たちの話を聞き、女としゃべれる人になってほしい。

男性は、男同士すらろくにしゃべってないような気がします。仕事の話ばかり。これからの人生は、未踏《みとう》の沃野《よくや》です。いろいろな話をしてください。そして人中へ出てうろうろしていれば、やりたいことが必ず見つかりますよ。

私はよく言うんですけど、「団塊の世代」は「男介《だんかい》の世代」なんです。

「男介」——男が介護する世代と書きます。

家族介護者はこのところ嫁一辺倒から大きく変容し、多様化しています。子供が少なくなっちゃったから、男の人も実の親の介護をしたり、自分の妻の介護をすることになるんです。

そのとき、ウツになったり、孤独に引きこもったりするのは男性が少なくないようです。ですからやはり、「男の介護者の集まり」、それから「妻に先立たれた男の患者の集まり」など、まず、そういう場をつくるリーダーになることだって大事ですよ。団塊の世代の男性がすることはいっぱいあります。

ただ男性は、介護のこと、老後のひとり暮らしのことを考えると、「妻に先立たれたらどうしよう」というふうに、全部背負い込んでしまうところがあります。介護の問題をはじめ、いろんな問題を、女性のようにパワーとやる気をもってうまく自分のエネルギーに転化する方法を知らない不器用さがあります。

地域で生きるときは、どんどんみんなに広げて、みんなにも預けて、それで自分がリーダーになればいいんですよ。

全部自分で背負い込まなくていい

自立する女は夫を不幸にするとずいぶん言われたが

私は、わりといいかげんな人間なものですから、連れあいとの関係は適当にうまくやってきました。いいかげん、というのも時には大切だと思っています。

私と彼との関係はいいのですけれどね、彼の周辺の誰かがおそらく言っているであろう言葉が、亡くなったあと、私の耳に聞こえてきました。

「あの人もかわいそうに、あんな年じゅう出歩いている女房を持たなかったら、もうちょっと長生きができたかもしれないのに」「そうしたら、もうちょっと早く気がついて助かっただろう」そんなことを、どこかで言われているなと。

だけど、世の中よくなったと思うのは、そういうことを面と向かって言ってくる人がいなくなりましたね。昔だったら「あんたみたいな女房を持ったから、この人は寿命を縮めたんだ」なんてきっと言われたことでしょう。

今は、もう女性の前でそんなこと言ったら、どういうことになるか、多少わかっているので、言わなくなりました。それはいい点だけど、でも当時は男性たちの、「女房の持ちようが悪かったよな。もっと気をつかってくれる女房がいればよかったのにな」という声がざわざわと聞こえてきたものです。

でもなんと言われようと、「私たちは、それなりにパートナーとしての関係を全うしたのよ」と、そう言える生活だったと感謝しています。そういう、パートナーとのあり方をみんなに広げていきたいと思うのですけれど、これがなかなかむずかしいのですね、ほんとうに。

パートナーとのあり方は百組百様

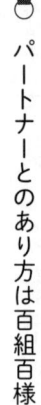

「人はひとりで生まれ、ひとりで死んでいく」されど……

「人生最期の医療」というテーマは、私個人にとって重い課題でした。連れあいを看取った経験と、いまや堂々たるヨタヘロ期という私の年齢が、いよいよ自分の番だという事実を前にして時々刻々その大きさと意味を増してきたのです。

連れあいは胸部大動脈瘤《だいどうみゃくりゅう》の手術をして、そのときは社会復帰が叶《かな》いましたが、7年後、多発性脳梗塞で倒れました。その際は気管切開し、鼻腔栄養、膀胱カテーテルなど何本もの管をつけ、わずかに右手親指一本、まばたきのみで意思疎通が可能でした。常時吸痰《きゅうたん》の必要があり、3年3カ月の入院生活ののち亡くなりました。

彼は元気なころ、自分の生き死についてたいへん明確に、繰り返し語る人でした。「プロダクティブ（生産的）でなくなったら俺は生きていたくないな」

そしていつも活動的で忙しく、人間関係も賑やかな人でした。

ですから、この不如意な状態で生きることを彼がどう感じているかとても気になりました。気管の消毒をするため、わずかに無声音で話せる時間がありましたが、彼はこの点についてはついに何も言いませんでした。痛みが少なかったせいか、一個の生命体として生きることを楽しんでいる風情さえありました。身辺を賑やかにしてくれた教え子や親族に心から感謝しています。

病院側から提案された胃ろうは、本人が指1本の意思表示できっぱりと拒否しました。胃ろうが普及しかけたころの話で、その医学的意味を十分理解したからとは思えません。脳梗塞のきっかけがごく小さな外科手術だったこともあって、もう身体への侵襲《しんしゅう》はごめん、現状維持がいい、ということだったと思います。

最期は彼の意思に添うかたちで見送れた、と私はほぼ満足し、今も医療陣に感謝しています。仮に彼から「プロダクティブでなくなったから早く死にたい」と言われても、どうしようもなかったのですから。もちろん、入院費に困らないというわが家の経済的条件と、医療保険制度に支えられてのことでした。

私は今、自分の最期の医療やケアについて、厚生労働省が提唱している、自分の意思を生前に明らかにしよう、という「アドバンス・ケア・プランニング*」（ACP）の動きに方向性としては賛同しています。でも「人生会議」という愛称だけはどうも。決定するのはあくまでも本人、揺れ動く本人の願いをていねいに聴いてほしい。そして身分証明書代わりの後期高齢者医療被保険者証のケースに、「延命のためだけの医療ご辞退します」と書き添えた名刺を収めています。

と同時に、今の何とか元気といえる私の決断が、連れあいのように長病みしたときに、変わらないかどうかまったく自信はありません。意識があったらそのときの希望を優先していただきたい、意識がなくなったときには、家族や医療関係者を悩ませないためにも、指示どおりしていただきたいと思います。

よく「人はひとりで生まれ、ひとりで死んでいく」と言われます。たしかにそうです。私もふとさびしくなったときなど、自分への戒めとしてこの言葉を呟きます。しかしこうも思いました。人はひとりでは生まれない。誰かに見守られて生まれ、そして他者の助けを借りて支えられながら死んでいく……と。

老いて介護を要するようになり、多くの判断や行動にも他者の手を借り、しかし自分の意思に基づいた方法で最期を迎える。そしてまた本人の意思を尊重した見送られ方葬られ方をし、一定の時間、人の心に残る。この間どんなに多くの人々がかかわり、出会うことでしょう。こうして人生の歴史は受け継がれます。

終わりをよく考えることは、さまざまの初めにつながるという思いを新たにすることだと思うのです。

＊ＡＣＰ／将来の医療及びケアについて、本人を主体にその家族や近しい人、医療・ケアチームが繰り返し話し合いを行い、本人による意思決定を支援するプロセスのこと（日本医師会ＨＰ）。平成30年、厚生労働省により愛称「人生会議」と決定。

見送ったり見送られたりして人生は受け継がれる

弱者になる自分を受け入れながら、尊厳をどう保つか

私って強そうに見えるでしょ(笑)。

でも、年をとるということは、否応《いやおう》なく弱者に変容していくことです。できていたことがだんだんできなくなる。だから、それをいかに自分が受け入れていくかということを問われていると思います。

さらに、子や周囲の人々のほうの問題もあって、子供は強かった母親しか見ていません。その親がだんだん弱者になっていくことは、私は自分の母に対してもほんとにやりきれなくて、それを受け入れるまでにとても時間がかかりました。

強かった母の若いころの記憶があると、すぐには〝衰え〟というふうに受け止

められないのです。

「高齢者の自立支援」というけれど、人間は最後まで尊厳を持った自立した存在ではありますが、けれどもやっぱり頼らざるを得なくなり、弱くなってきます。それをいったいどうやってみんなで支えていくかということだと思います。

私は自立というのは、絶対に孤立じゃないと思いますから。ほんとうに自立するということは、自分の尊厳を認めさせるということであり、そのうえでいろんな人が手助けをしていくという、ひとつの連帯です。

支援されたらとたんに「自立してない」ということではないはずです。私自身はこれからが人生の正念場だと思います。

本格的な老いがくれば、やっぱり自分の弱さを受け入れていかなければいけない。

人の世話をどのように感謝して受け入れられるか。

そんな状態の中でも、自立した人間、尊厳のある人間としてちゃんと苦情が言

える か。

ですから「これから弱っていくんだ」なんて落ち込んでいる場合じゃなくて、「人生の表舞台だから見ていてくださいよ。さあさあ、お立ち会い」ってなものですよ。

やってみてあまりうまくいかないかもしれないし、予想と違うかもしれません。死というものは選べません。いつ来るか、こうやっていて、今日の帰りに死ぬかもしれないし、そういうこともあり得る。死も老いるプロセスも選べない。けれども、もし大変な状況になったときに、自分がどう対応するかだけは選べるんです。これはヴィクトール・フランクル（『夜と霧』の著者）というナチスの収容所にいたオーストリアの精神医学者の言葉なんですが、人間というものは最後まで、どんな状況下にあっても自分がどういう態度をとるかは選択できるというんですね。

実は、私はそれが心配でねえ。

きっと、何か気に入らないときにブツブツブツブツ言ったりね、未練たらしく「昔はよかった」と言ったりするかもしれないけど、まあでも「なるべく立派にやってみよう」というつもりでいます。

何が起ころうといつも柔軟な気持ちを忘れずに

第6章

人生100年時代、祖母力の役立ち方

子供が4歳のときに急逝した最初の夫

「祖母」に私は足を向けて寝られません。

「祖母」とは私自身の祖母のことではありません。私の子供にとっての祖母、私の母親です。この母が「祖母力」ともいうべき力を発揮してくれたおかげで、この年齢まで私が何とか世の中で働いて生きてくることができ、私たち親子の今があるのです。

子として母を見るとき、私は母に対してそれなりの不満がありました。明治生まれの女という母の苦労は重々察しますが、いかに時代の制約がきびしかろうと、母の人生の責任は、私ではなく母のほうにあります。私は幼いうちから、母自身の鬱屈《うっくつ》した人生の代理人という自覚を持たされていたからです。

私は母の希望どおりに育ち、一定の社会的活動の場を得て、母はそれを見届けてから亡くなりました。一般化していえば、母は一世代前に出現した「教育ママ」で、私に、献身的に尽くしてはくれたものの、私はいつも母の重圧を感じ、それに応えるべく緊張していました。

ところが、祖母という一代飛んだ立場になると、母は孫に対してすべてを受容する守護神に変身したのです。私の娘は、今でも「ママは小言ばっかり言ってるこわい人、おばあちゃまは基本的にやさしい人」と認識してきた、と言います。たしかに孫の言動や学校の成績に一喜一憂する様子はみじんもなく、まことに大らかでした。

とはいえ私は気がついています。私は重石《おもし》のような大きな責任を、当時60歳過ぎた母に課していました。母は、最初の2年ほどは、共働きを始めた私の家庭の助っ人に、それからあとの十余年、夫の急逝にあって半狂乱のふつつかな娘(私)をとり鎮《しず》め、一家の家政を取り仕切り、何よりも4歳になったばかりの孫の養育を一身に背負い、一人前に育つ基盤をつくってくれたのです。

最初の結婚で、心配性で激しやすい私が、子供にどうやら平静に対応できたのは、心配やイライラを受け止めてくれる夫の存在があったからでした。夫とあれこれ語ることで子供がより愛《いと》しく思えました。

その夫が春の連休の初めに具合が悪くなり、あっという間に亡くなった。連休の中日、一家でドライブ旅行に出発するはずの日が葬儀でした。4歳の娘は何もわからず人々の間をはね回っていた。

私はまだ30歳でした。

あのころの心境をどう説明したらよいのでしょう。

息をするのも切なく、あらゆる風景、万物から色が抜け落ちてモノクロームになりました。わが子の姿さえ影絵のようでした。

「これまでの生涯でいちばん悲しかったことは?」と聞かれたら、今もやはり「最初の夫の死」と答えるでしょう。

私が67歳のときに70歳で亡くなった2番目の相棒は、仕事上も近い関係にあり、私が評論家として大学人として何とか歩んでこられたのは、あとの夫の助言に負うところが多いです。

しかし悲しみの深さは、若さと突然の死かどうかに大きく左右されます。

30歳で迎えた最初の夫の急死は、私にとってあらゆる思考能力を奪う理不尽以外の何ものでもありませんでした。

今も忘れられない深い悲しみの体験

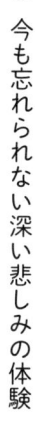

必死に働く私を全力で支え、子供の安定した日常を整えてくれたわが母

享年35で死んだ夫の哀れさに身がよじれ、悲嘆にくれていた時間も、その後、急に事務的になって和服と車を売り飛ばし、家を貸し、アパートを探して引っ越し……と、ものに取りつかれたようにバタバタと私が家族の新体制づくりに奔走《ほんそう》している間も、幼稚園のお弁当づくりや送り迎えをつとめ、幼い娘の日常生活を途切れなく支えたのは母でした。

祖母としての母は、母の会やＰＴＡに欠かさず出席し、母親や本人の希望で加わる種々雑多なお稽古ごとに付き添い、繰り返される小さな病気の病院通いに明け暮れました。祖母と孫の間には、ときに荒れたり落ち込んだりする私と違う、

強固な膜で守られた安定した日常がありました。だから私は「安心して」落ち込んでいられました。

当時マンション住まいだったため、母は、昆虫や植物好きの孫のために、空いた時間は毎日のように電車でほど近い、父にゆかりの慶應大学日吉校舎の庭で過ごしました。毛虫だけは大の苦手、あとはイモムシでもコガネムシでもカエルでも何でもござれで、娘は虫捕りに興じていたようです。

その上、私の仕事の電話番をつとめ、ファクスもEメールもない時代、原稿を出版社に届けるなど「しっかりした老秘書さん」と評判でした。

やがて気を取りなおした私は、とにかく働いて、一家のささやかな資産管理から年間のレジャー計画まで世帯主としての責任達成に邁進《まいしん》しました。会社に勤め、内職の原稿を半徹夜で書き、研究会のレポートや共同執筆まで、われながらよく働いたものです。

娘が小学校高学年の夏休みのこと。長期間借りた房総半島海岸の民宿に、母は孫と仲良しのクラスメイトを連れて行ったことがあります。まだこうして気軽に声をかけて誘い、快く応じてくれる、そんなのどかさが残る時代でした。

ＰＴＡに欠かさず出席して発言する「気さくで気丈なおばあちゃん」への信頼もあってのことでしょう。海辺で2人の少女は日暮れまで仲間のいる遊びの楽しさに打ち興じたといいます。母はこの期間ばかりは上げ膳・据え膳の「東京のご隠居さま」生活のはずでした。

「けっこう遠くまで泳げるのよ、あの子たち。もし、どちらかが帰ってこなかったら、おばあちゃま、海に身を投げて死ぬ覚悟だったの」無事帰宅してから、自ら笑いながらの言葉でしたけれど、私は70歳近い母に、どんなに大きな責任を負わせていたかということに、その瞬間、やっと気がついたのでした。

母の気持ちをどれだけわかっていただろうか……

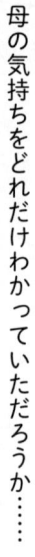

他人の役に立つことをうれしいと思えるひとだった

母はまた、家族以外の働く女性を間接的に励ましていたことをずっとあとになって知りました。ある日、大手メディアを定年退職してボランティア活動をしている女性から、彼女の仕事の成果である立派な書籍と手紙を受け取ったのです。

そのNさんという女性は、私の連れあいと同じ社に勤め、連れあいはNさんの直属上司でした。男女雇用機会均等法も育児休業法もまだ影さえ見えない1970年代、Nさんは妊娠しました。連れあいはNさんが提出した辞表を受理せず「なんとかならないかな」「保育園を考えたら?」「職場は説得する」と励ましたそうです。

その後、私も取材や原稿依頼を受ける立場でNさんと知り合いました。Nさんは出産退職を思いとどまり、ゼロ歳児の母として働いていました。張りつめた表情のNさんに私は「どうにもならないときがあったら、うちで母がみてくれると思うわ」と言ったのです。

Nさんは30年間それを覚えていて「切羽つまったとき駆け込める場がある、と思えるだけで気丈になれました」と書き送ってくださった。偶然の一致ですが、連れあいと私がともどもNさんの就労継続を支える役割を果たしたようでした。

当時、保育所のわが子を思って涙した若い母Nさんは、「徐々に鍛えられて人生に欲深になっていった」と言います。

Nさんはやがて職場でデスク（一種の管理職）の座につきました。多くの女性は「人生に欲深」になるための十分な時間を与えられず職場を去っていくのです。

Nさんからの手紙は、ついに定年まで勤め上げたお礼状でした。

乳児を抱えて仕事と子育ての両立に苦闘中のNさんのことを私はうわさ話とし

て母に話しました。そのとき母はこともなげに言ったのです。

「あーら、困ったら赤ちゃんをうちへ連れていらっしゃいって言っておあげなさいよ。うちはもう手がかからないし、私がみてあげるわよ」

こんなとき母は絶対に「母親がやめればいいのに」とは言いませんでした。他人の子を預かることの困難さを言い立てて逃げ腰になったりしないひと、他人の役に立つことをうれしいと思うひとでした。

その生涯を専業主婦として送りましたが、心意気は社会的祖母力の持ち主でした。孫が中学最後の夏休み、カナダへのホームステイを本人と私が大乗り気で決めてしまうと、孫の不在のうちに、母はまるで自ら自身の身体を折るようにして倒れたのです。身も心も尽きたように。そして2年後、世を去りました。

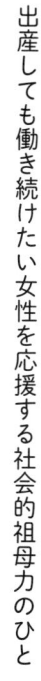

孫の面倒をみる祖母たちの責任感と負担感

基本的に祖母たちは「孫の面倒をみる生活」を受け入れ、孫のいる人生の幸福を感謝しつつ、無償の労働に従事し、孫の世話をする自分の人生を肯定的に幸福感とともに受け止めています。

とはいえ、祖母たちが負担感なしにひたすら楽しんでいるのではありません。幼い命を一定時間まるごと預かる責任感からくる負担感は大きいが、そればかりでなく、自分の残る人生の多くを孫育てに投入することに、疑問がよぎることも決してなくはないのです。

「本音を言えば孫の世話は負担だ。でも自分も子育て期にいろいろな人の支援を受けてきたから、今度は私がサポートする番だ」

「孫はかわいいが、自分の残りの時間を考えると、私の人生はどうなるのかしら、と思うこともある」

「息子夫婦に仕事のない日は世話しない。孫をみない日は至福のとき」

「自分の定年辞令が65歳の3月31日。嫁の産休明け初出勤がその翌日の4月1日。定年から孫育てへ即、突入。1日の休暇もなかった。正直言ってお勤めのほうがラクでしたね」

定年退職が孫育てに直結した人はもうひとり。「今は近居だが、娘夫婦に同居したいともちかけられ迷っている。孫はかわいいけれどねえ……」

「このまま年をとっちゃうのはいやだ。まだやりたいことがある」

「孫をみるようになってから、好きな飲み会も早く帰るようにしている。二日酔いができなくなった」

孫をみることがむしろ健康によい結果となっているかもしれませんが、ただ

「孫がかわいいから、それだけで祖母は満足しているだろう」「孫のそばにいられることは年寄りにとって幸せなこと。孫の世話は祖母が喜んですべきこと」そう親や世間が考えているとしたら、それはとんでもない思い上がりでしょう。

子育てのころ、私にもそんな「思い上がり」がありました。母親として子供の成長ばかり見つめ、祖母自身にとって、毎日が晩年のかけがえのない日々であることを忘れていたのです。

これだけ孫と子供の幸せ一途な祖母たちでさえも、時に感じる疲れがあることを親たちと周囲の人は知っておかなければいけません。そして、祖母は、自分自身の人生と向き合い、孫育てのため流れ去る自分の時間に惜別の思いを持つことにも。

孫に寄せる想いも事情も人それぞれ

祖母自身の人生に敬意と余暇を

今の祖母たちは、人生の中で家族に奉仕するだけでなく、自分自身の1本の筋が通った人生を持つようになった世代です。「孫育てが老後の生きがい」という女性はこれからも少なくないでしょうが、孫育てだけに人生を注《つ》ぎ込みたいと思う女性はそう多くはないと思います。

孫は「何よりの喜びと希望」であっても、祖母のすべてではない。

現に孫育てに頼られることを、重荷に思う祖母もいます。老いとともに加わる心身の消耗の深さは、命の盛りにいる若い母には想像もつかないでしょう。

若い父母よ、そして周囲の人も気を配ってほしい。

どんなに孫に没頭しているように見えても、祖母は少し疲れているかもしれない。もう少し自分の自由になる時間をほしいと思っているかもしれない。

長寿化したといっても、祖母の世代にとって残りの人生は限られています。その残された時間を祖母自身ができるだけ自由に使えるような配慮は、祖母の力に依存する側の責任だと思います。

孫はかわいいはずだから、孫のそばにいられるだけで幸せなのだから、祖母はその他の幸せや願望をなげうって当然、などと思ってはなるまい。

現在は独身の祖母だとしても、人生二度目、三度目の花を咲かせる「恋する祖母」もあり得るし、祖母自身の結婚生活が破綻《はたん》して「離婚の祖母」ということだってあり得ます。

祖母たちは、祖母であると同時にかけがえのない自分自身の人生を生きていることを、娘や息子たち、子の側は忘れてはならないと思います。これは私が年長者として若い世代に言っているのではなく、若き日の自分自身に向けて多くの悔《かい》恨《こん》とともに言っているのです。

そして祖母とて、持病を持っていたり、体の不調を抱えていることもあります。サポートしてやりたくても、様々な事情で難しいこともあるでしょう。

そんなとき、家族だけを唯一の解決法として頼るのでなく、市区町村の「ファミリー・サポート・センター」に相談に行き、実現可能な方法を見つける選択肢もあるということを知っていただきたいのです。

相談先をいくつ持っているか。それがこれからの人生の支えになります。

祖母だけをアテにせず、選択肢を増やそう

■老いの知恵袋 4

「孫レス族」の社会的祖母力を発揮できる舞台を

「祖母力」の存在感と重要性が社会に認識されてきています。少子化の中で、祖父母と同居世帯のほうが母の就業率も出生率もともに高いこと、フルタイムで勤め続ける母親を支える祖母の存在などへの認識が広がったせいでしょう。

この傾向は福祉の発達した北欧4国にも共通しているそうですから、将来、世界的な祖母・祖父のネットワークが形成されるかもしれないし、そうなることを私は願っています。

上に介護を必要とする老親を持ち、下からは孫育ての手伝いを求められるサンドイッチ世代の祖父母。その重圧は大きいが、こうして必要に迫られるからこそ、昔と様変わりした人生100年時代の各世代つなぎ役をつとめることができるのでしょう。まして、自分らしい生き方にこだわり、人生を楽しむことを知って生きてきた世代です。そう簡単に貴重な後半の人生を孫育てだけに捧げつくすはずはありません。

拙著『祖母力』（2007年／講談社＋α文庫）を出版した後、たくさんの反応があり、祖母世代から「私はここまで孫の面倒をみたくない」「祖母讃歌を謳《うた》わないでほしい」という声がありました。

「祖母讃歌」を謳ったつもりはないのですが、本に収録された事例は成り行き上とはいうものの、ほとんど積極的に孫育てを引き受けた人ばかりです。けれども「孫はみません」と拒絶する祖母がいることも聞いています。

現に私はこんな相談を受けました。

「初孫が生まれるんですが、娘にお産の手伝いに1カ月くらい来て、といわれて青ざめています。今の地元の活動をそんなに長く離れる気はありません」

私は「数日間に短縮して行ってあげてくださいよ」と答えましたが……。

今の世、産婦の最もそばにいるべきは、子の父です。近ごろ父親の「育休」が法制化されたのも当然の動きです。「実家の母」はいつの時代にも頼りになる存在でしょう。とはいえ、孫育てを断る祖母には祖母なりの人生があり、それは祖母自身のものです。

私に対するもうひとつの反論は「そんなことといわれても孫がいないから手伝いようがない」というものでした。実は私自身、子はいても孫のいない「孫レス族」ですが、周辺にこんなに多いとは思いませんでした。30代、40代の未婚率の高さを思えば、妥当なことかもしれない。

この孫レス族の祖母力・祖父力を社会的祖父母力として発揮する舞台を整えることがこれからの課題だと思います。そして、これからの日本は、血縁が急激に減る「ファミレス社会」です。困ったときは「アカの他人」が支え合う「助け合い」システムを構築することが急務です。

第7章

娘がどんどん強《こわ》くなる！

初老の娘に叱られてばかり

人生が長くなったおかげで、親と子にとって「育てる」「育てられる」の時期はあっという間に終わり、大人としての時間、さらに老いた人間同士として向かい合う時間が長くなりました。

子供の立場からいえば、子供の役割として親を介護し見送ることが生じました。子供も60代までは何とか親を看られますが、「親が100歳になって、子どもが70歳から80歳になったらどうするか」ということです。人生50〜60年時代には、子が成人するころには親がこの世を去っていたのが世代交代でした。

生まれたばかりの頼りない子供を親は保護して育て上げる。男の子は一家を支え得る能力をつけさせ、娘は家事一般仕込んで「嫁」にやる。これが人生50年社会の親の役割でした。子供たちが順調に成長を遂げると、親たちは「このうえは孫の顔を見られれば」と願い、さらに「孫の七五三を見たいものだ」といってそれを見届けながら死んでいったものです。

親と子の間には強者と弱者の立場がはっきりしていて、弱者である子を強者である親が養う。ある日隠居して、物心ともに弱者に変容した親を、強者の立場の子供が養う。「子供は老いた親をいたわれ。老いた親は弱者への変容を自覚して老いては子に従え」という、親子の強弱の変化の中に人々は身を委ねていたのです。

ところが、人生80年社会ごろからこの強弱関係があいまいになりました。親も子も壮年中年期が延びて、親と子、どちらも強い時期が長くなったのです。

昔は50代で仕事を引退しましたし、もっと昔は40代の隠居もありましたが、今は65歳定年になりました。70代の就労さえ増えています。50歳の親はまだ職場でもやっと課長、定年までには部長になりたいとはりきっている年代です。70歳まではまだ元気で壮年のつもりでいます。子供にとってはある種迷惑な話です。
わが家は、20代半ばでもった娘がひとりしかいません。独身で基本的には同居しています。社会的にはきちんと自立した仕事をもち、パラサイトシングルではまったくありません。医者なので、健康管理面ではむしろ私のほうが頼りにしています。

しかし、どうも仲がよくないのです。産んで生まれて半世紀以上。わが家の親子関係波高し、です。

中年から初老に足を踏み入れ管理職年齢に達した娘。超高齢期に踏み込んではいるものの、まだ現役意識が抜けない強気の母なる私。自信に満ちた大人と大人が正面衝突し、どちらも簡単に引き下がらず、年中口論が絶えません。

「老いては子に従え」……そうはなかなかいきません

激しくケンカしながら同居の「利」はお互いに計算

見渡せばこれはわが家だけではないようです。私は読売新聞「人生案内」の回答者のひとりですが、こんなご相談がありました。

「50代女性。母とのふたり暮らしを6年前から始めたとたん仲がうまくいかなくなった。車の乗り方を注意しただけでもキレる。何か注意しても素直に『わかった』と言ったことがない。気が重い毎日だ……」

まるでわが家を見る思いで苦笑しました。ホントに、娘は私の「箸の上げ下ろし」に口やかましく、食事内容から食べる姿勢にまで小言を言います。その言い方は、私が幼い娘を育てながら食卓で言った小言とまったく同じ口調です。

親としてこんな小言にオメオメと引き下がれましょうか。私は負けずに言い返し、お互いボルテージは上がるばかりです。私の友人はそれを見て呆れながら「あなたのボケ防止ね」と言ってくれますけれど。

ある公開の席で、私が「長くなった家族関係への対応」という問題提起をしたときのことです。ちょっぴりわが家のお恥ずかしい話を公開したら、たちまち並みいる有識者に叱られました。

「そもそもいい年した親と子が、いくらお互い独身といっても、いっしょに住むからいけないんです！」

「イヤな思いをしてながら同居しないで、経済力もあるのだから一刻も早く別居すること！」

はい、そのとおりです。

要するに、激しくケンカしながら、娘も私もそれなりに同居の「利」を計算しているのです。「利」は私たち親子にだけでなく、なんとなく複数いることに対するご近所や周囲の安心、個別に住むことよりも相対的に軽減する社会的コストという「利」もあります。

それならば、要するに私がグチを言わなければいいわけです。

でも、ハラが立つのです。

とはいえ、ケンカしながら一緒に住んでいるのも1つの家族だと思っています。

口調がそっくり。小言を言う娘はかつての自分！

上から目線の物言いを改め、子供に敬意を払い、一定の距離を置けるか？

それにしてもかくも長き親子の時間。その前に「夫婦の時間」が長くなり、とくに定年後の夫婦のあり方が「熟年離婚」「定年離婚」などと問題になりました。とにかく、定年後30年もある夫婦の時間、そして、50歳過ぎた子供と20年もある親子の時間、さらには中年になった孫と祖父母。こうした家族関係の「長さ」をどうよい関係で保つか、長寿社会がもたらした初体験の課題です。

ここではとくに長期化した親子関係、長くなった大人同士の時間、どうかすると親子ともども要介護になりやすい老老親子介護などについて考えてみます。

まず、親の側として。大人になった子供に対しては、大人として遇し、一定のリスペクト（敬意）を払うこと。いささかの他人行儀といったらよいでしょうか。

昔は隠居すると、息子（跡取り）に対して一家の主として敬意を払う、という秩序があったようです。それが「老いては子に従え」という伝統的格言。

「今どきそんなことできるか」というのが私たち世代。子供じみた突っ張りだった、と反省しています。子に一定の距離を置き敬意を払っておくと、子が結婚したとき、配偶者（嫁または婿）との関係もスムーズにいくようです。

今からでも遅くない。私も60代にもなった娘に、いまだに上から目線での物言いを改めたいと思います。

「かくも長き親子の時間」を私が問題にするのは、わが身に起こっているからばかりでなく、これから似たような問題を抱える家族が増えるからです。

たとえむずかしくても、心がけよう

いつまで続くこの母娘バトル。でも、終点はもうすぐなのです

現代の親子関係は「時間との闘い」でもあります。夫婦もそうですが、親子、嫁と姑、祖父母と孫、力の拮抗した時間が長く続きます。

娘と私のバトルの時間は、私がもう少し生きるとしたらこれからも続くでしょう。しかし老いとともに、体力的にも私が落ち目であることは双方が知っています。私はなるべく気づかぬふりをしていますけれど。

今日も、おろしたばかりのパンストを、庭に折り重なるように茂るバラの棘にひっかけて〝伝線〟が走り、私は心の中で悪態をつきます。

「あのドラ娘！　たくさん生やせばいいってもんじゃない。通る道もないほど植

える なんて!」
　でも、庭の主力にバラを選んだのはこの私です。
珍しく娘が庭を造るとき殊勝げに私に聞きました。いちおう土地所有者の顔を
立てたつもりなのでしょう。

娘「何を中心に植えようか?」
私「ふん、バラがいい」
娘「どうしてバラがいいの?」
私「バラはこのお母タマの花だからだ。バラこそ私にふさわしい」
娘「どこがふさわしいのよ。図々しい!」
私「花は枯れても、茎は瑞々しいぞ。棘はするどく人を刺すぞ」

娘はしばし絶句しました。適当な返す言葉がなかったのでしょう。

私は心に快哉を叫びました。

でも、私自身よく知っています。この一戸建て庭つきの家を維持する体力がもう私にはないことを。

いくら有識者の女性たちに「母娘ケンカするくらいならさっさと別居せよ」と言われても、地域で決められたゴミ出しやゴミ当番を主に実行しているのは、もう60代に入った娘なのです。住宅環境にもよりますが、私が細々ながら現役で仕事をさせていただくと、働いたあとは休養しないともう身体がもたない、そう認めざるを得ないのです。

「ホラ、また手術したほうの胸を下にして寝てる。だからいつかみたいにうなされるんじゃないの!」

と娘。

言い方がキツイので、私はすぐかっとなります。

「うるせっ!　寝相にまで注文つけられてたまるか。おちおち寝てられないとはこのこった。親の寝室に勝手に入るな！」

ああ、いつまで続くこのケンカ。今さら止められない降りられない、母娘バトルの長距離列車。でも、どんな長距離列車でも終着駅に到着します。私の終点はもう間近です。

そう承知しつつこの親は、今日も茎に地下水を吸い上げ、棘を磨いて生きようと思います。できるところまで、ですが。

たとえハラが立っても、しかし、されど……

おまけ

人生100年を機嫌よく生きる
ヒグチ流・魔法の言葉

私はある時期まで長寿を単純に喜ぶべき現象と思って、「人生100年」の到来を唱えてきました。しかし80代の大台に乗ったとき、これは大変なことだと気づきました。100年を生きるためには大変な覚悟が必要だと思い至ったからです。

一人ひとりの高齢者が100年を生きるのにふさわしい人格をどう作っていくのか。70代、80代、90代、心と身体の衰退を感じながらも生きている限り、加齢を成長の糧として生きる。そのくらいの覚悟が必要なのかもしれません。

とはいっても、あまり真面目に考えていたら毎日が重く苦しくなります。毎日を機嫌よく生きる。それだけでも自分はもちろん、周りの人を気分よくします。私が実行している3つの言葉をご紹介します。

◎魔法の言葉1 ＞＞＞「いろいろあらァな」

ずいぶん昔の流行語ですが、そう思うとたいていの「イヤな奴」は許せます。「いろいろあらァな」は今の流行の英語で言えばダイバーシティ、多様性です。多様性を認めて許して交友関係が長く続くと、その人の「イヤ」な部分に慣れ親しんで、その人のもつ「いい面」が見えてくる。おもしろいものです。

◎魔法の言葉2 〉〉「ま、いいか」

人との付き合いのなかでは、相手から一方的に無視されたり、失礼な仕打ちをされたりして傷つくこともあります。心のざわめきをついストレートに相手にぶつけてケンカになったり、気を回しすぎて「どうして○○なの？」と詰問口調で問いただして、かえってこじらせたり。

こういうことは「ま、いいか」ですませるに限ります。なぜなら私自身、無意識のうちに、相手に失礼なふるまいをしていることが無数にあると思うからです。とくに忙しい盛りのときはそうでした。

近ごろは、あまりこだわっていては、人生の残された時間がもったいないので「ま、いいか」でいくことにしています。

私もかつては「言いたいことをハッキリ言う人」でした。年をとるにつれて、

「言いたいことを言わない」ほうが大切なこともあることに気づきました。いろいろな人たちの親切、厚情に胸が熱くなる思いがすることがあります。言わなかったからこそ、この幸せがある。「ま、いいか」のおかげです。

◎魔法の言葉3 〉〉〉「ほどほどに」

年をとればとるほど人間は自慢したくなります。家自慢、おしゃれ自慢、趣味のあれこれ自慢、健康自慢に病気自慢などなど、世に自慢のタネは尽きません。私は自粛しているつもりでも、もともと口数が多いほうですから、つい調子に乗って自慢話クィーンの座にいることがあり、皆さまにご迷惑をかけているのではないか、と恐縮しています。だから他人のことは言えた義理ではないのですけれど、自慢話で気をつけなければいけないのは、子供自慢など家族の自慢、とりわけ孫自慢です。実は私、孫がいないので実感が湧きません。

孫がいればよかったなあ、と今でも思います。でも、孫は自分が生むわけではありませんから、悔やむ権利はありません。今の50代から急激に日本の独身率が上がりました。「50歳時の未婚率」は男性約23・4%、女性約14・1%です（「人口統計資料集2021年」*国立社会保障・人口問題研究所）。

ということは、さきほども書きましたように、その親である70代以降に急激に孫のいない人「孫レス族」が増えています。私は「社会的祖母力」というものを発揮して次の世代が少しでも幸せに育つように、やさしく、ときには厳しく幼い人たちに接したいと心がけています。そう、少し無理をして心がけています。「孫のない人には話しづらい」と思われないよう、にこやかに相づちを打つ程度の修業は積んでいます。というより、私にはほかにその気になれば自慢のタネがたくさんあるので我慢できるのだと思います、はい。


（＊2024年は男性28・3%、女性17・8%）

おわりに

高齢者よ！　夢を語ろう、伝えよう

年をとるほどに私は個人的に小さなことにこだわらなくなった、と述べました。しかし、です。

長く生きれば生きるほど、生きてきた責任というものが重くなります。もちろん加齢による心身の衰えについては、若い方々に支えてくださるようお願いします。私たちは平和と豊かさの中で戦後77年を生き延びることができました。戦後生まれが続々と後期高齢者の仲間入りをしてきます。

私たちはたしかに、一生懸命に働いて、平和を保ち豊かさを築いてきました。

年金・医療・介護などの社会保障も創設しました。同時に、豊かさを追い求める過程で、環境破壊、原発事故というツケを後代に遺しました。

女性が安心して子育てと仕事を両立できない社会、男性も女性も労働が不安定化していく中で、世界の中でもっとも少子化した社会となりました。ある意味で、若い世代が夢をもてない社会をつくってしまったのです。この中で、今の若いもんは夢がない、などといっても始まりません。

私たちこそ、社会の責任者であることを自覚し、さらに若い人たちの「人生100年」を大切にして、この時代の「初代」としてどんな人生、どんな社会が好ましいか夢をもとうではありませんか。見果てぬ夢を見ることこそ私たち高齢者の特権です。

そして私の「夢のつづき」を言うならば、それは〈ワークライフケアバランス〉です。ワークライフバランスということばが今や政府の課題となり、父親の育児休業などが推進されるのは喜ばしいことです。子育てや介護はこの「ライフ

（生活）」ということばに含まれるのだと思います。

しかし、と私は考えます。ケア——子育て、介護、不自由な人たちへの支援——は、私的な「ライフ」に含まれるものでしょうか。そもそも、出産・子育てが順調に行われなかったら、その社会は持続不可能なのです。

病人や心身の不自由な人を支えるケアは、人間の一生で出遭うさまざまな危機を人間同士が支え合う、もっとも人間らしい営みのひとつです。

そのケアを、公私問わず、もっとも人間らしい労働として担《にな》い合う。まさに「人間の証明」がケアではないでしょうか。

とくに戦前戦後を体験した世代は、戦争について平和に語ろうではありませんか。70歳も80歳も90歳も、年齢の異なる世代へ直接に伝えるなんて、長寿社会でなかったら不可能でした。

伝えるべきこと、言うべきこと、こうあってほしい未来の夢をおおいに語りましょう。夢を現実につなぐ役目を果たしてまいりましょう。

最後になりましたが、89歳で二度目の乳がん手術を経て、やる気はあれど仕事のスイッチの入りにくくなった私を叱咤激励してくれる心強い助手、河野澄子さん、佐藤千里さん、ありがとうございます。母娘バトルの相手、強くてヤサシイ娘にも日頃の感謝を伝えます。

そして、既存の原稿をコツコツと点検して、この1冊にまとめ上げてくださった大和書房現役時代からの旧知の編集者・矢島祥子さんには「感謝」のひとことしかありません。文庫版でもお世話になりました。末永く良いお仕事を。

2024年10月　　樋口恵子

本書は小社より刊行された『90歳になっても、楽しく生きる』（2022年8月）に加筆し文庫化したものです。

本文デザイン…福田和雄（FUKUDA DESIGN）
本文イラスト…ながしまひろみ
校正…あかえんぴつ
企画・編集…矢島祥子（矢島ブックオフィス）

樋口恵子（ひぐち・けいこ）
1932年東京都生まれ。東京大学文学部卒業。時事通信社、学習研究社、キヤノン株式会社を経て評論活動に入る。内閣府男女共同参画会議の「仕事と子育ての両立支援策に関する専門調査会」会長、厚生労働省社会保障審議会委員、消費者庁参与などを歴任。2021年度津田梅子賞受賞。NPO法人「高齢社会をよくする女性の会」名誉理事長、東京家政大学名誉教授。
主な著書に『人生100年時代への船出』『老～い、どん！ あなたにも「ヨタヘロ期」がやってくる』『老いの福袋』『老いの地平線』、『うまく老いる』（和田秀樹氏との共著）他多数。
高齢社会をよくする女性の会
http://wabas.sakura.ne.jp/

だいわ文庫

90歳《さい》になっても、楽《たの》しく生《い》きる

著者　樋口恵子《ひぐちけいこ》
©2024 Keiko Higuchi Printed in Japan
二〇二四年一一月一五日第一刷発行

発行者　佐藤 靖
発行所　大和《だいわ》書房
東京都文京区関口一－三三－四 〒一一二－〇〇一四
電話 〇三－三二〇三－四五一一
フォーマットデザイン　鈴木成一デザイン室
本文印刷　信毎書籍印刷
カバー印刷　山一印刷
製本　小泉製本
ISBN978-4-479-32108-8
乱丁本・落丁本はお取り替えいたします。
https://www.daiwashobo.co.jp

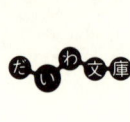